HUBERT NEIDHART UND ERICH SCHÜTZ

Zu Gast im Grünen Baum

150 Jahre

Grüner Baum

HUBERT NEIDHART
UND ERICH SCHÜTZ

Zu Gast im Grünen Baum

Rezepte & Geschichten aus 6 Generationen

GMEINER

VORSPEISE

HAUPTPERSONEN

NACHSCHLAG

»Ich hab gegrünt durch Zeit und Raum
und bleib für Euch der Grüne Baum.«

Glückswunschspruch von Johanna Armbruster ehemalige Schulleiterin 1965–1985 der Grundschule Moos zum 125-jährigen Jubiläum des Grünen Baums

GRUSSWORT

Eine oft zitierte Redewendung, die im Grünen Baum seit fünf Generationen erfolgreich gelebt wird, lautet: »Wer nichts wird, wird Wirt.« 150 Jahre Familientradition in fünf Generationen, das ist Grund genug, mich auf die Spuren der Geschichte meiner Vorgänger, meiner Groß-, Ur- und Ururgroßeltern zu begeben. Für mich eine Ahnenforschung voller neuer Erkenntnisse und Überraschungen, die in einem Rausch der Wissbegierde und des Wunderfitz mündete.

Fest steht, keiner meiner Vorfahren wurde »nichts«. Es mag den Anschein haben, dass sie ihr Wirteleben mit Leichtigkeit meisterten. Neben dem Glück und ihrer Lebensfreude waren jedoch ein gesunder Geist, ein ausgiebiger Arbeitswille und ausdauernde Leidensfähigkeit von Nöten, um Georg Baums Vision über 150 Jahre mit Leben zu füllen. Es war ihre Freude am aktiven Gestalten der eigenen Zukunft, die die Grüner Baum-Wirte als strahlendes Glück erscheinen ließen. Was im Vergleich zum anstrengenden Ackerbau oder der schweren Fabrikarbeit oder gar dem Dienst an der Front auch nicht verwunderlich war.

Ganz anders heutzutage, wo die Digitalisierung Arbeitsplätze zu Wohlfühlzonen verwandelt und über eine Viertagewoche diskutiert wird, während das Image und die Arbeitsbedingungen der Gastronomie immer noch dem und denen des letzten Jahrtausends entsprechen. Dies zu korrigieren, wird die große Herausforderung für meine Tochter Elena als sechster Generation sein, und zudem die Tradition Grüner Baum in die siebente Generation zu transformieren.

Es gilt den Ansprüchen der Gäste gerecht zu werden, für die Work-Life-Balance der Mitarbeiter zu sorgen, die kulinarischen Schätze der Region zu fördern, die Umwelt zu schonen und vor allem auf die eigene Lebensqualität zu achten.

Weit mehr als »nichts«!!

Hubert Neidhart

HUBERT NEIDHART

»Wer nichts wird, wird Wirt.«

EINLEITUNG

Bücher können in Gefühlen verschiedenster Art ihren Ursprung haben. Man schreibt Bücher, angeschwungen von Begeisterung oder angeregt vom Gefühl einer Dankbarkeit, ebenso aber können wiederum Erbitterung, Zorn und Ärger geistige Leidenschaft entzünden. Manchmal wird Neugier zum Antrieb, die psychologische Lust, sich selber im Schreiben Menschen oder Geschehnisse zu erklären, aber auch Motive bedenklicher Art wie Eitelkeit, Geldlust, Freude an der Selbstbespiegelung treiben allzu häufig – zur Produktion; eigentlich sollte sich darum ein Autor bei jedem Buche Rechenschaft geben, aus welchen Gefühlen, aus welchem persönlichen Bedürfnis er seinen Gegenstand gewählt hat.

Stefan Zweig zur Einleitung seines Romans Magellan

» *Das vorliegende Buch entstand aus absoluter Begeisterung und Neugier und der Lust sich Menschen zu nähern, die ihr Leben über 150 Jahre ein und dem gleichen Ziel widmeten. Ursprünglich sollte es eine kleine Jubiläumsschrift werden, nach 150 Jahre Grüner Baum-Geschichte. Doch dann offenbarten sich während der Recherche sechs wagemutige Menschen, die alle zu ihrer Zeit an ein und dem gleichen Strang zogen. Jeder hatte zu seiner Zeit in den 150 Jahren mit Widrigkeiten und unvorhersehbaren Schicksalsschlägen zu kämpfen, mit Krieg und Tod. Immer gab es Gastwirte, die den Überlebenskampf aus gutem Grund aufgaben, aber es gab eben auch die fünf Wirte und jetzt eine Wirtin im Grünen Baum in Moos, die immer wagemutig weiterkämpften – und nebenbei heute für spannenden Lesestoff aus dem Dorfgasthausleben in drei Jahrhunderten sorgen.* «

ERICH SCHÜTZ

6. GENERATION
Elena Bianchi
Treibt neue Blüten
5. GENERATION
Hubert Neidhart
Hat eine Tochter, Elena Bianchi , und birgt die Schätze der Region
4. GENERATION
Rosel Maier & Gottfried Neidhart
haben fünf Kinder – die Söhne übernehmen. Klaus das Haus Gottfried und Hubert den Grünen Baum
3. GENERATION
Sophie Baum & Wendelin Maier
Auch hier – der Älteste, Franz, fällt im Zweiten Weltkrieg, seine Schwester Rosel wird übernehmen
Maria Buchegger
Zweite Ehefrau
2. GENERATION
Franz Baum & Rosa Neukum haben vier Kinder. Der Älteste, Wilhelm, fällt im Ersten Weltkrieg. Sophie, seine Schwester, wird statt seiner Nachfolgerin. Der Jüngste, Pirmin, übernimmt die Weinhandlung.
1. GENERATION
Johannes Georg Baum & Anna Maria, geb. Köpfler von der Schrotzburg. Anna Maria eröffnet das Restaurant nach dem plötzlichen Tod ihres Mannes. Franz ist der Viertgeborene von sieben Kindern und erst fünf Jahre alt.

EIN SPIEGELBILD DER GESELLSCHAFTLICHEN VERÄNDERUNGEN

150 JAHRE **GRÜNER BAUM**

Europa erlebt Ende des 19. Jahrhunderts einen Aufschwung wie nie zuvor. Mit der nationalen Deutschen Einheit wird das neue Deutschland zur weltweit drittgrößten Industrienation. Die Jahre nach der Inthronisierung des preußischen Königs Wilhelm I. zum Kaiser von Deutschland, 1871 im Schloss von Versailles, bieten der bürgerlichen Schicht materielle Sicherheit und Wohlstand. Technische Neuerungen wie die Dampfschifffahrt und die Telegrafie sowie länderübergreifende Freihandelsabkommen lassen Europa zusammenrücken. Da will ein junger Unternehmer in dem kleinen Flecken Moos auf der Halbinsel Höri am Bodensee nicht im Abseits stehen. **Johannes Georg Baum** ist Weinhändler und Gastwirt. Er sieht in Radolfzell die Arbeiten für die Eisenbahn von Karlsruhe nach Konstanz und entschließt sich, diesen Schritt in die Zukunft nicht zu verpassen.

Kurz entschlossen baut Johannes Georg Baum ein neues Gasthaus an die neue Straße, die von Moos in die »Metropole« Radolfzell führt. Sein Pflänzchen soll ein immer blühendes Gasthaus sein, deshalb nennt er es, in Verbindung mit seinem Namen, zuversichtlich: Grüner Baum.

Gerade hat August Heinrich Hoffmann von Fallersleben das neue Deutschlandlied auf Helgoland gedichtet. Vielleicht hat im fernen Moos Johannes Georg Baum das neue Lied zur Melodie der österreichischen Kaiserhymne von Joseph Haydn zur Planung seines Grünen Baums angestimmt. Die Zeichen stehen gut für seinen Grünen Baum! »Deutscher Wein und deutscher Sang« – das muss dem Weinhändler und zukünftigen Grüner Baum-Wirt Johannes Georg Baum bestens gefallen haben.

»... die Leidenschaft für eine traditionelle Höri-Küche wird über die 150 Jahre familienintern vererbt ...«

Ein blühender Baum. Das ganze Jahr über. Seit 150 Jahren! Er grünt nicht nur zur Sommerzeit. Neue Äste und Blüten wachsen und gedeihen an diesem Grünen Baum auch im Herbst und Winter. Johannes Georg Baum hatte das Pflänzlein an die neu gebaute Pappelallee am Ortseingang zu Moos, auf ein fast schon verfallenes Fundament aus dem 16. Jahrhundert gesetzt, durfte aber schon die erste Blütezeit nicht mehr selbst erleben. Mit gerade mal knapp 50 Lebensjahren stirbt er.

Glücklicherweise ist seine Frau, **Anna Maria, geborene Köpfler**, eine starke Frau. Mit sieben Kindern eröffnet sie gegen alle Widerstände im Herbst 1873 den Grünen Baum. Ihr fünftältestes Kind, der älteste Sohn Franz, soll schon bald in die Fußstapfen seines Vaters in der zweiten Generation treten, den jungen Trieb zum Blühen bringen und der nächste Grüner Baum-Wirt werden.

Sechs Generationen pflegen und hegen in der Zwischenzeit bis heute den Grünen Baum. Immer in Familienhand, meist an einen Sohn, jetzt zum 150-jährigen Jubiläum erstmals an eine Tochter vererbt. Nach den alten Namensrechten wechselt zwar der Familiennamen immer wieder, doch die gastgeberfreundlichen Wirtegene und die Leidenschaft für eine traditionelle Höri-Küche werden über die 150 Jahre familienintern vererbt und zum Markenzeichen des Grünen Baums.

Noch herrscht Aufschwungsstimmung um 1900. Die ersten Fertiggerichte werden industriell hergestellt. Das preußische Kriegsministerium ordert als eiserne Ration »Erbswurst«-Pakete, noch ahnt niemand, wie bald die Soldaten damit an die Front marschieren werden.
Die feine Gesellschaft Berlins strebt in das neu eröffnete Hotel Adlon. Im nahen Konstanz betreibt Eberhard von Zeppelin in einem ehemaligen

Dominikaner-Kloster eine Textilfärberei. Aber auch er erkennt im südlichsten Zipfel des neuen Deutschlands, dank des Anschlusses der Eisenbahn an das Reich, die neuen Chancen und schließt die Indigofärberei. Auf der kleinen Insel des ehemaligen Klosters vor dem Konstanzer Münster eröffnet er das heute noble Inselhotel. Der junge **Franz Baum** in seinem Grünen Baum feiert als Gastwirt seine ersten Erfolge und wird 1908 auch noch offiziell bestellter Posthalter der eben gegründeten Reichspost.

Neben seinem Gasthaus baut Franz Baum Pferdeställe. Jeden Tag kommt die Postkutsche, wechselt Gäule und jedes Monatsende kommen die Rentner und kassieren ihre von Bismarck eingeführte Staats-Rente. Schon bald ist der Grüne Baum der Mittelpunkt des Mooser Dorflebens. Hier werden Hochzeiten gefeiert und finden Dorfveranstaltungen statt.

In den neuen Luxushotels in den Städten werden moderne Kochrezepte kreiert. Ein Petersburger Koch gewinnt mit seinem »Steak Stroganoff« in Paris einen internationalen Kochwettbewerb. Franz Baum gewinnt die ersten Feinschmecker, die nur wegen seiner Schweinelummels aus Radolfzell nach Moos pilgern. Hinter seinem Gasthaus hat er eine eigene Schweinezucht geschaffen. Die kleine Dorfschenke verwandelt er zu einem Landgasthaus mit regelmäßigen Schlachtfesten, mit Metzelsuppe, Blut- und Leberwurst.

Doch fast wie aus heiterem Himmel: Zwei Schüsse aus einer 9-mm-Pistole lassen über Nacht dunkle Wolken über Europa und auch dem Grünen Baum aufziehen. Im fernen Sarajevo erliegen der österreichische Thronfolger Franz Ferdinand und seine Frau Sophie den Schüssen durch einen serbischen Nationalisten und im Sommer 1914 beginnt der Erste Weltkrieg mit Beteiligung des Deutschen Reichsheers.

1873: *Grüner Baum am Ende der Allee von Radolfzell nach Moos*

Franz Baum war der erstgeborene Sohn von Johannes Georg Baum, deshalb war er Grüner Baum-Wirt in der zweiten Generation geworden. Genauso sollte in der dritten Generation Wilhelm Baum als erstgeborener Sohn von Franz Baum der Nachfolger sein. Doch leider zählt er schon im ersten Kriegsjahr zu den ersten Toten auf dem menschenverschlingenden Schlachtfeld des Ersten Weltkriegs.

Der zweitgeborene Sohn, Pirmin, ist noch zu jung, um das Gasthaus zu übernehmen. Er übernimmt später das von Franz Baum auf der anderen Straßenseite des Grünen Baums erstellte Bürgerhaus. Hier hatte Franz Baum die Küferei und Weinhandlung seines Vaters ausgelagert. Heute hat die Weinhandlung Baum ihren Sitz in Radolfzell.

Dafür muss die älteste Tochter, **Sophie Baum**, jetzt ran. Sie übernimmt zunächst mit ihrem Vater das Ruder in der Gaststätte, bis sie mit Wendelin Maier, nicht nur für ihre Ehe, sondern auch für den Grünen Baum, die wohl beste Wahl trifft.

Noch haben die Frauen kein Wahlrecht. Erst nach dem Ende des Kaiserreichs verhilft der Rat der Volksbeauftragten in Berlin den Frauen zum Stimmrecht für alle geheimen, direkten und allgemeinen Wahlen. Es ist die Zeit, in denen es noch Knechte gibt und die Dienstmädchen in deutschen Haushalten schuften müssen wie Menschen eines anderen Standes. Doch Sophie ist die Wirtstochter und wohl ziemlich couragiert. Da kommt ihr dieser vermutlich arrogant auftretende, fremde Gast in ihrer Wirtsstube gerade recht. Sie bedient ihn, doch er ist arg unflätig ihr gegenüber, vielleicht auch übergriffig. Da knallt es plötzlich in der guten Wirtsstube und der fremde Gast hält seine rote Wange. Die Ohrfeige der resoluten Sophie Baum ist schnell das Ortsgespräch, aber erst recht, als Sophie Baum diesen **Wendelin Maier**, so heißt der fragliche Gast, nach dem Ende des Ersten Weltkrieges heiratet. Mit ihr und Wendelin Maier beginnt in der dritten Generation eine neue Blütezeit des Grünen Baums.

Der Erste Weltkrieg ist verloren, in Berlin ist die Republik ausgerufen und schon bald wieder herrscht die neue Aufbruchsstimmung der »Goldenen 20er-Jahre«. Der Begriff steht für einen erneuten Wirtschaftsaufschwung, aber auch für eine Blütezeit der deutschen Kunst und Kultur. Wendelin Maier sorgt in Moos für neue Triebe im Grünen Baum. Er beweist sich als ein Mann von Welt, viel gereist und kennt die internationalen Gepflogenheiten der gehobenen Gastronomie. Schließich war er, bevor er in Moos gelandet war, »Oberkellner« in Bern, Paris, Cannes und arbeitete bis zum Ausbruch des Ersten Weltkriegs bei der British Rail in Kairo.

Der Mann weiß, wie anspruchsvolle Speisekarten geschrieben und die Teller angerichtet werden. Die Damen in der Küche fügen sich seinen Anweisungen und schon bald lockt der Grüne Baum Feinschmecker selbst aus Konstanz oder Überlingen in den kleinen Ort Moos.

Doch das Schicksal wiederholt sich in der Wirtsfamilie des Grünen Baums. Der einzige Sohn der Maiers, Franz Maier, findet in den Wirren des jetzt Zweiten Weltkriegs nicht mehr nach Hause zurück. Zunächst gilt er vermisst, so muss schon in den letzten Kriegstagen wieder die einzige Tochter des Hauses, **Rosel Maier**, in der Küche und Gaststube ihren Mann stehen.

***1914:** Wendelin Maier mit Mutter*

***1914:** Wilhelm Baum, gefallen als erster Mooser Soldat im Ersten Weltkrieg*

1890: Postkarte von Franz Baum für die ersten Feriengäste

Die Nachkriegszeit des Zweiten Weltkriegs ist erstmal eine verdammt schlechte Zeit. Hunger, Kälte, Mangelkrankheiten, Trümmerlandschaften bestimmen das Bild in Deutschland. Städte wie Friedrichshafen am Bodensee sind bis auf die Grundmauern völlig zerstört. Die dort ansässige Rüstungsindustrie war im Visier der Alliierten Flieger. Die ländliche Höri dagegen blieb relativ verschont.

Ende April 1945 besetzen französische Truppen die Höri. Die französischen Offiziere erkennen in Wendelin Maier und seinem Grünen Baum schnell ihre kulinarische Destination. Der Mann spricht ihre Sprache und kennt ihre Vorlieben für französische Menüs, kurzerhand wird der Grüne Baum zum Arbre Vert.

» … kurzerhand wird der Grüne Baum zum Arbre Vert.«

Mit der Währungsreform im Juni 1948 beginnt das »Wirtschaftswunder«. Die Bauern der Höri beliefern schon längst mit ihren Ernten wieder ihren Grünen Baum und Wendelin Maier weiß über seine neuen französischen Kanäle bevorzugt auch mal einen Grand Cru zu besorgen. Er setzt alles daran, die Schrecken des Krieges zu vergessen und sorgt dafür, dass es in seinem Grünen Baum kulinarisch schnell wieder bergauf geht.
So kommen auch schon bald die ersten Gäste wieder von weiter her, die erfolgreich auf den ersten Nachkriegsaufschwungswellen reiten. Trotz langen Zauderns muss Wendelin Maier den Tod seines vermissten Sohns Franz akzeptieren und die Tochter Rosel hält sich wohl an die Weisheit des Apfels, der nicht weit vom Stamm fällt. Wie auch ihre Mutter verliebt sie sich in einen der jungen Gäste: **Gottfried Neidhart** kommt mit seinen Eltern aus Radolfzell öfter in den Grünen Baum nach Moos. Er ist gelernter Konditor und will in Radolfzell ein Café eröffnen. Mit wagen Versprechungen hält Wendelin Maier diesen Konditor in Moos. 1949 heiratet er Rosel Maier und 1950 übergibt Wendelin Maier in der vierten Generation Rosel und Gottfried Neidhart den Grünen Baum.

***1962:** Sonnengarten*

Ludwig Erhard, der Mann mit der Zigarre, gilt als Vater des deutschen »Wirtschaftswunders«. Gottfried Neidhart beweist sich schon bald als der Vater des »Mooser Wirtschaftswunders« Grüner Baum.

Es ist die Zeit des Petticoats und des Kalten Kriegs. Im neu angelegten Sonnengarten des Grünen Baums wird getanzt und »Güggeli« werden gegrillt. »Gut und reichlich« heißt die neue Auszeichnung der bürgerlichen Küche des Grünen Baums. Rosel und Gottfried Neidhart fahren in Moos auf, was im Wiener Wald angesagt ist. Bald bauen sie um und an. Die Krönung ist Anfang der 70er-Jahre das neue Hotel Haus Gottfried mit einem Schwimmbassin olympischen Ausmaßes.

Die ganze Familie

Mit ihren beiden Buben, Klaus und Hubert, sowie drei Mädchen sorgt die Familie Neidhart für weitere neue grüne Triebe im Grünen Baum. Hubert und sein Bruder Klaus werden in der Küche der Mutter, verschiedener Tanten und Beiköche groß. Die beiden Buben entwickeln dabei eine besonders feine Zunge. »Da stellte sich nicht die Frage, was wir werden wollten«, erinnert sich **Hubert Neidhart** an das Ende seiner Schulzeit, »das war einfach gegeben: Klaus war schon im damals renommierten Adler in Hinterzarten in der Kochlehre und mein Vater schickte mich in das Inselhotel nach Konstanz.«
Als Klaus Neidhart, nach einigen Stationen in den feinsten Küchen, die neu angesagte Haute Cuisine nach Moos bringt, darf Hubert auf seine Wanderschaft nach Frankreich und England ziehen. Klaus führt schon bald die Küche des Hauses Gottfried zu höchsten internationalen Auszeichnungen.

Im nahen Singen wächst das Unternehmen Maggi zu einem der größten Suppentüten-Hersteller heran. Täglich sind in den Werbeprogrammen der neuen Fernsehsender Spots zu sehen, die zeigen, wie leicht das Kochen mit Fertigprodukten geht. Die bis dahin ehrliche »gut bürgerliche Küche«

»... Im neu angelegten Sonnengarten des Grünen Baums wird getanzt und ›Güggeli‹ werden gegrillt.«

wird industrialisiert. »Kraft in den Teller, Knorr auf den Tisch«, werben die deutschen Fußballprofis Franz Beckenbauer und Helmut Haller. Die kleinen, braunen, viereckigen Maggi-Würzfläschchen mit dem gelben Etikett, langem Hals und roten Käppchen stehen in fast jedem Gasthaus auf dem Tisch. Ab 1977 im Grünen Baum garantiert nicht mehr!

Hubert Neidhart hat in diesem Frühjahr die Leitung der Küche im Grünen Baum in der fünften Generation übernommen. Er kommt nach seinen Wanderjahren zurück und hat seine eigene Philosophie im Tornister. Fertigprodukte oder Maggi-Würze an seinen Soßen und Suppen sind verbannt. Es ist noch nicht die Zeit von Slow Food. Carlo Petrini gründet seine »Slow Food«-Bewegung erst zehn Jahre später. Doch Hubert Neidhart hat schon 1977 für die Zukunft des Grünen Baums seinen Trieb geschnitten: »Wir kochen zeitgemäß, aber unkompliziert; unsere Speisekarte ist das kulinarische Spiegelbild unserer Landschaft; verwendet werden nur die besten und gesündesten Produkte der Höri!«

Hubert hat damit schon früh die Zeichen erkannt und das Gärtlein Grüner Baum neu bestellt: »Hierbei handelt es sich nicht um eine Ideologie, sondern eher um ein qualitätsbewusstes Markenzeichen. Es kommen nur makellose, unverfälschte, regionale Produkte auf den Tisch!«

Der Gastrokritiker und Bodenseekenner Horst Winkelmann nennt ihn schon bald »den Öko-Freak der Gastronomie«. Hubert Neidhart geht es schon damals um die Erhaltung der regionalen Küche mit heimischen pflanzlichen und tierischen Produkten und deren lokale Produktion. Den Grundstein für seine Philosophie bringt er aus Frankreich mit: »Alles was dort die Gegend hergab, wurde naturbelassen verarbeitet. Ich bekam ein sehr inniges Verhältnis zu Landschaft und Leuten. Dort lernte ich, wie ganze Regionen durch ihre Produkte ein ganz eigenes Profil bekommen können, was mich sehr faszinierte.«

Seine Liebe zu heimischen Lebensmitteln hatte Hubert Neidhart schon als junger Stift im Inselhotel mit großem Mundwerk bewiesen, darüber muss er heute noch schmunzeln: »Vor dem Küchenchef hatten wir Lehrbuben einen Heidenrespekt«, erinnert er sich, »aber als ich sah, dass der Mann den Wurstsalat mit ganz normalen Zwiebeln anmachte, da musste ich ihn doch auf unsere Höri-Zwiebeln hinweisen.«

Dass sich Widerspruch als Lehrbub gegen den Lehrherrn nicht gehörte, wusste der damals gerade mal 15-jährige junge Hubert. »Aber, dass die in Konstanz die Höri-Bülle nicht kannten, konnte ich nicht fassen.« – Heute ist die Höri-Bülle eine geschützte Marke und EU-weit bekannt. Auch dies ist eine Geschichte, die sich um den Grünen Baum und Hubert Neidhart als neuen Patron rankt.

Hubert Neidharft ist heute einer der versiertesten Fischköche am Bodensee, Genussbotschafter Baden-Württemberg und Chef Alliance Slow Food. Feinschmecker, auch Promis, aus Stuttgart oder Berlin, die in die Region kommen, kehren im Grünen Baum ein. Diese Leistung imponiert auch seiner Tochter Ellen Bianchi, die jetzt in der sechsten Generation den Grünen Baum mit neuen, zeitgemäßen Zielen weiter pflegt.

… es wäre scho schad. Der Grüne Baum und das Werk meines Vaters sind es wert …

2023, es ist nicht die Zeit neue Gasthäuser zu eröffnen. Es fehlt an Personal und Fachkräften in der Gastronomie, die Corona-Jahre – der weltweite Ausbruch der Infektionskrankheit COVID-19 – sind noch nicht verdaut. Doch **Elena Bianchi** wagt mutig den Schritt in der sechsten Generation. Sie ist gelernte Rechtsanwaltsgehilfin, will gerade mit einem Jura-Studium beginnen, doch plötzlich entscheidet sie sich anders. Es mag eine Reminiszenz für das Lebenswerk ihres Vaters sein, oder die Wirte-Gene haben sich erst etwas später bei ihr durchgesetzt. Im Jubiläumsjahr 2023 übernimmt sie die Leitung des Grünen Baums.

»Alles, nur nie Gastronomie!«, schwor sie sich früher, dann half sie doch hin und wieder ihrem Vater im Service. »Der Kontakt zu unseren Gästen gefällt mir«, gesteht sie sich heute ein, »immer nur trockene Paragrafen sind es dann doch nicht«, winkt sie unbekümmert ab.

Ein Jahr haben Vater und Tochter gemeinsam gearbeitet, dann musste eine Entscheidung fallen: »Hü oder hott«, dachte die leidenschaftliche Pferdenärrin und weiß gleichzeitig: »Es wäre scho schad. Der Grüne Baum und das Werk meines Vaters sind es wert«. Sie entscheidet sich und macht auf die Schnelle die Prüfung zur Restaurantfachfrau. Seit Januar 2023 ist sie die Geschäftsführerin des Grünen Baums.

Elena Bianchi ist sich des Familienerbes bewusst. Auch sie sieht sich den »Slow Food«-Kriterien verpflichtet und verspricht, ausschließlich mit biologischen Lebensmitteln der Höri und ausschließlich Bodenseefisch und einer gehobenen Frischeküche den Grünen Baum weiterzuführen. Sie hat Respekt vor den Leistungen ihrer Vorfahren und will den Grünen Baum genauso, wie von ihrem Vater vorgelebt, hegen und pflegen.

ZUTATEN FÜR 4 PERSONEN

- 50 g getrocknete Feuerbohnenkerne oder getrocknete weiße Bohnenkerne
- 1 kg Mietengemüse nach eigenem Gusto (z. B. Sellerie, verschiedene Karotten, Pastinaken oder Wurzelpeterle, Gelbe Bete, Schwedenrüben), in Würfel geschnitten
- 4 getrocknete Tomaten, in Würfel geschnitten
- 2 mittelgroße Höri-Büllen
- 2 Äpfel (Topas, süß-säuerliche Bodenseeäpfel)
- 400 g Dinkel-Emmer-Brot (siehe Seite 86) vom Vortag, in Würfel geschnitten
- 10 cl Knoblauchöl (Rapsöl mit gehackten Knoblauchzehen vermengt)
- 200 g Ziegenkäse vom Höchsten, in Würfel geschnitten

Für das Dressing

- 1 rote Chilischote (mittelscharf)
- 3–4 Knoblauchzehen
- 0,1 l kaltgepresstes Rapsöl
- 1 EL Senf
- 0,1 l Rotweinessig
- 0,1 l naturtrüber Apfelsaft
- Höri-Salz
- Pfeffer

WINTERVERSION

BROTSALAT NACH ART DER HÖRI-BAUERN

ZUBEREITUNG

Für den Brotsalat die Feuerbohnenkerne 1 Tag in kaltem Wasser einweichen.
Am nächsten Tag das Mietengemüse und die getrockneten Tomaten in Salzwasser bissfest kochen. Herausnehmen und beiseite stellen.
Im selben Wasser die Feuerbohnenkerne 40 Minuten kochen.
Die Höri-Büllen schälen, in Sechstel teilen, die einzelnen Lamellen herausbrechen und kurz im Feuerbohnen-Salzwasser blanchieren. Falls schon grüne Keime aus der Bülle herauswachsen, diese abschneiden und beiseite legen.
Die Äpfel entkernen, in Würfel schneiden und zu dem gekochten Mietengemüse geben.
Das Knoblauchöl über das Dinkel-Emmer-Brot geben und im Ofen oder in einer Pfanne langsam knusprig rösten.
Ziegengrillkäse in Würfel schneiden.
Alle Zutaten miteinander vermengen.

Für das Dressing die Chilischote halbieren, die Kerne herausstreichen, je nach Schärfe ein paar darin lassen. Die Schote in feine Würfel schneiden.
Die Knoblauchzehen schälen, hauchdünn schneiden oder feinhacken, und mit dem kaltgepressten Rapsöl vermengen.
Die Chili mit dem Knoblauchöl und den übrigen Zutaten vermengen.
Mit Höri-Salz und Pfeffer abschmecken.

Mit dem Dressing den Salat marinieren, kurz ziehen lassen und mit Höri-Salz und Pfeffer nachwürzen. Das Grün der Höri-Bülle feinhacken und darüberstreuen.

DIE WEISHEIT MIT DEM LÖFFEL …

***Emmer**, das Urgetreide von Dinkel und Weizen, wird hier auf dem Bodanrück und in der Schweiz angebaut. In Schaffhausen wird Bier damit gebraut. Alternativ ist es im Reformhaus erhältlich. Ersatzweise kann Dinkelbrot genommen werden.*

***Höri-Salz** ist ein Produkt des Grünen Baums, zubereitet aus Höri-Büllen, die in Atlantiksalz getrocknet und in Salzmühlen oder Gläsern erhältlich sind.*

***Ziegengrillkäse vom Höchsten** ist frischer, harter Ziegenkäse im Block (dem Feta ähnlich) von einer Ziegenkäserei, die auf einem Berg namens Höchsten am Bodensee beheimatet ist.*

1856: Anna Maria Baum mit Kindern Sophie, Eduart und Josef. Franz war der Viertgeborene.

1. GENERATION

1901

JOHANN GEORG BAUM PFLANZT DEN GRÜNEN BAUM

Die Sicht ist gut. Johan Georg Baum steht in dem kleinen Hafen der Höri-Gemeinde Moos und schaut Richtung Radolfzell. Er sieht dort die Arbeiter der Großherzoglichen Staatsbahn Eisenschienen legen für eine neue Zeit.

Er selbst ist in seinen besten Jahren. Ein junger stattlicher Mann mit ebenmäßigen Gesichtszügen. Seine lockigen Haare sind exakt gescheitelt, seine Koteletten reichen fast bis zum Kinn. Johann Georg Baum ist der Sohn des Wirts des Hotels Schiff in der Ortsmitte von Moos. Doch er ist wie sein Vater in erster Linie ein Kaufmann und führt seit dessen Tod den Weinhandel Baum am Bodensee alleine.

Ursprünglich kommt seine Familie aus dem Schwäbischen. In Hüfingen, bei Donaueschingen, haben sie eine Dependance. Er verkauft Höri-Weine bis nach Meßkirch, Saulgau und Ulm. Gleichzeitig baut er einen florierenden Handel mit Pfälzer Qualitätsweinen rund um den Bodensee auf.

Es ist die Zeit der ersten Jahre unter dem Deutschen Kaiser Wilhelm I. nach seiner Inthronisierung 1871. Nach den Deutschen Einigungskriegen war endlich die Zeit der kleindeutschen Rangeleien vorbei. Die Deutschen sehen zum Ende des 19. Jahrhunderts zuversichtlich nach vorn. Auch Johann Georg Baum.

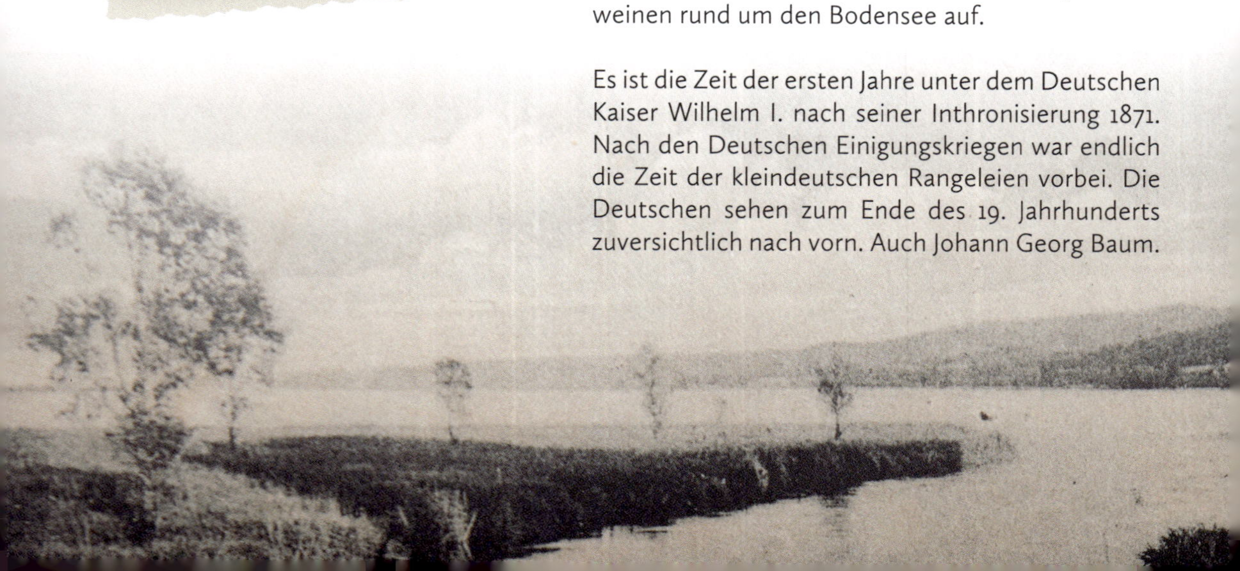

1901: *Grüner Baum,*
das Dorflokal für die Mooser

Neben seinem Gasthaus Schiff führt er die Küferei und den Weinhandel sehr erfolgreich. Das Brandzeichen JB in seinen Weinfässern steht für beste Qualität. Er kauft die Weine in größeren Mengen und füllt sie in kleinere Fässer ab. Mit Pferdegespannen vertreibt er sie in alle Himmelsrichtungen.

Seit Wochen sieht Johann Georg Baum von Moos aus dem Bau der ersten Großherzoglichen Staatsbahn von Karlsruhe nach Konstanz zu. Der letzte Streckenabschnitt soll bald freigegeben werden. Dem Bahnhof in Radolfzell ist eine kaufmännisch-strategisch bedeutende Zukunft vorausgesagt. Bald sollen hier Güter von der Bahn auf die neuen Dampfschiffe verladen werden. Johann Georg Baum will da nicht im Abseits stehen. Er ist ein mutiger Visionär und sieht die Möglichkeit, mit der neuen Bahn seine Weine bis nach Donaueschingen, Triberg und selbst bis in die Residenz nach Karlsruhe mit einer Verladung zu liefern, sowie vor allem Pfälzer Weine mit der Bahn in kurzer Zeit an den See anliefern zu lassen und mit den neuen Dampfschiffen bis nach Bregenz zu bringen.

1873: *Die Mooser Kirche wurde zeitgleich mit dem Günen Baum gebaut*

HÄPPCHEN …
KIRCHGANG UND ODER GASTHAUSBESUCH

1873 ist in der Gemeinde Moos für Gasthaus- wie Kirchenbesucher ein besonderes Jahr. Im Herbst 1873 eröffnet an der neuen Allee nach Radolfzell die Familie Baum ihren Grünen Baum, und nur einen Steinwurf entfernt öffnet der Dorfpfarrer in Moos zum ersten Mal die Kirchentür in die neue Kirche Sieben Schmerzen Mariens.

Der Kirchgang am Sonntagmorgen ist ein fester Bestandteil des Dorflebens. Danach gehen die Männer an ihren Stammtisch, die Frauen in die Küche an den Herd. Schon bald aber kürzen einige Männer den Weg ab und gehen direkt, schon vor der heiligen Messe, in den Grünen Baum. Während die Kirchenglocken noch läuten, stoßen die Männer schon mit ihren Bier- und Weingläsern am Stammtisch an.

Von Anfang an ermahnt der damalige Pfarrer seine Schäfchen von der Kanzel, die richtigen Prioritäten zu setzen. Nach 150 Jahren aber dürfte der Grüne Baum längst als der Gewinner feststehen. In dem katholischen Kirchenschiff findet heute jeder Besucher zu jeder heiligen Messe garantiert einen freien Platz. Wer dagegen im Grünen Baum einen freien Platz finden will, sollte zuvor reservieren.

BELCHENBRÜHE

Die Blesshühner werden auf der Höri als Belchen bezeichnet. Bei der Wasserjagd im Winter wurden oft auf einer Jagd bis zu 120 Belchen erlegt. Diese spendeten dann die Jäger den Mooser Bauern für den Wildschaden, den das Waldwild angerichtet hatte. Im Grünen Baum wurden die Belchen als Belchenpfeffer in Soße geschmort. Und dann während eines rauschenden Festes von den Jägern und Bauern verzehrt. Heute nutzt man nur noch die Brüste, das Herz und die Leber. Die Karkassen kocht man aus zu einer Suppe oder Brühe.

ZUTATEN FÜR 4 PERSONEN (1 LITER)

- *4 Belchen, abgezogen, die Brüste herausgeschnitten, den restlichen Rumpf grob zerkleinert*
- *Öl zum Anbraten*
- *1 Sellerieknolle, kleingeschnitten*
- *2 Karotten, kleingeschnitten*
- *1 Lauchstange, kleingeschnitten*
- *4 Knoblauchzehen*
- *3 Höri-Bülle, kleingeschnitten*
- *3 Lorbeerblätter*
- *1 Nelke*
- *4 Wacholderbeeren*
- *3 EL Tomatenmark*
- *½ l Rotwein*
- *etwas Liebstöckel*
- *Rosmarin*
- *¼ l Sherry*
- *Höri-Salz*
- *Pfeffer*

ZUBEREITUNG

Die Belchen-Karkassen in einer Kasserolle mit etwas Öl gut anrösten.
Sellerie und Karotten dazugeben und mit anrösten.
Den Lauch, den Knoblauch und die Büllen etwas später dazugeben, damit sie nicht verbrennen.
Lorbeerblätter, Nelke, Wacholderbeeren und Tomatenmark dazugeben und kurz weiterrösten.
Mit der Hälfte des Weins ablöschen. Das Ganze weiterköcheln lassen und so lange reduzieren, bis der Boden der Kasserolle trocken ist.
Dann mit der zweiten Hälfte des Weins auffüllen und wieder reduzieren lassen.
Mit 3 l Wasser auffüllen und 3 Stunden weiterköcheln lassen.
Den aufsteigenden Schaum und das Fett immer wieder abschöpfen und mit etwas Wasser das Reduzierte ausgleichen.
Am besten über Nacht stehen lassen und am nächsten Tag mit Liebstöckel und Rosmarin wieder aufkochen.
Durch ein Haarsieb passieren, den Sherry dazugeben und auf 1 Liter reduzieren.
Final abschmecken mit Höri-Salz und Pfeffer.

DIE WEISHEIT MIT DEM LÖFFEL ...
Als Einlage eignen sich geschnittene Belchenbrüste, badische Knöpfle (siehe Seite 49), Flädle oder Gemüsestreifen.

1868: *Gasthaus Schiff am Hafen*

Bisher sah er sein Gasthaus Schiff an der Hauptstraße im Ort, direkt am Hafen, als guten Standort. Diesen alten Hafen, auf dessen Steg er steht, wenn er in die neue Zukunft nach Radolfzell schaut, hatten die Fürstbischöfe aus Konstanz im Mittelalter gebaut. Von hier ließen sie sich die Trauben der historischen Weinberganlagen am Bohlinger Galgenberg sowie in Gaienhofen und Weiler nach Konstanz liefern. Doch diese Zeiten sind längst vorbei. Jetzt soll auch noch die Durchgangsstraße, die an seinem Gasthaus Schiff vorbeiführt, an die Peripherie von Moos verlegt werden.

Den Aufschwung und die Zeichen der Zeit haben auch die lokalen Größen der Höri erkannt und sich für einen Anschluss an die neue Welt eingesetzt. Tatsächlich träumen viele von einer Fortführung der Bahnstrecke von Radolfzell nach Schaffhausen beziehungsweise in das badische Jestetten und das Klettgau. Doch zunächst haben sie den Bau einer neuen Straße von Radolfzell bis Moos durchgesetzt. Die neue Verbindungsstraße wird gerade auf einen aufgeschütteten Damm hochverlegt und mit dem Wurzelwerk vieler Pappeln geschützt. Es ist die Straße, über die in Zukunft jedes Fuhrwerk aus Radolfzell auf die Höri oder umgekehrt fährt.

BELCHENBRÜSTE MIT ACKERSALAT IM TOPINAMBUR-DRESSING

ZUTATEN FÜR 4 PERSONEN

Für die Belchenbrüste

- *4 Belchenbrüste*
- *Butterschmalz zum Anbraten*
- *2 Belchenlebern*
- *2 Belchenherzen*
- *2 Belchenmagen, aufgeschnitten und gewaschen*
- *4 Scheiben Dinkel-Emmer-Brot (siehe Seite 86) vom Vortag, in Würfel geschnitten*
- *100 g Bauchspeck, in dünne Streifen geschnitten*
- *400 g Ackersalat*
- *2 gebeizte Eigelbe (siehe Seite 31)*
- *Höri-Salz*

Für das Dressing

- *1 Höri-Bülle, in kleine Würfel geschnitten*
- *100 ml Rotweinessig*
- *100 ml kaltgepresstes Rapsöl*
- *50 ml naturtrüber Apfelsaft*
- *½ Apfel (Sorte Redlove oder Topas)*
- *1 Knolle Topinambur*
- *1 EL Senf*
- *Höri-Salz*
- *Pfeffer*

ZUBEREITUNG

Belchenmagen in Salzwasser 40 Minuten kochen.
Belchenleber und -herzen von Äderchen befreien, in Würfel schneiden und beiseite stellen.
Belchenbrüste salzen, in Butterschmalz rosa anbraten und beiseite stellen.
In derselben Pfanne wie die Belchenbrüste das Dinkel-Emmer-Brot und den Speck anrösten.
Den gekochten Magen in kleine Streifen schneiden.
Leber, Herzen und Magenstreifen zu den Brotwürfeln geben und kurz durchschwenken.
Für das Dressing die Höri-Bülle, Essig, Öl, Apfelsaft und Senf vermengen.
Den Apfel und Topinambur mit der Raspel fein dazureiben.
Mit Salz und Pfeffer abschmecken.
Den Ackersalat, gut gewaschen und geschleudert, mit dem Dressing anmachen.
Salat auf Tellern anrichten und die Belchenbrüste, aufgeschnitten, dazugeben.
Brotwürfel, Leber, Herzen und Magen darüberstreuen.
Gebeizte Eigelbe mit einer Raspel darüberreiben.

DIE WEISHEIT MIT DEM LÖFFEL ...

Freiland-Ackersalat *wächst langsam und zeichnet sich durch seine Robustheit aus, weshalb man ihn in Österreich auch »Rapunzel« nennt. Leider sammelt er in seinem Strang Sandkörner an, die durch starken Regen hochgeschleudert werden. Deshalb sollte der Ackersalat mehrfach gründlich gewaschen und geschleudert werden. Zu Franz Baums Zeiten wurde er meist nur als Garnitur zu Kartoffelsalat genutzt.*

Topinambur *ist eine Süßkartoffel, die roh verzehrt werden kann. Statt Topinambur könnte für das Dressing ersatzweise auch eine gekochte Kartoffel benutzt werden.*

Wer keinen See oder einen Jäger in der Nähe hat, kann sich statt der ***Belchen*** *(Blesshühner) auch mit Rebhühnern oder Wachteln behelfen.*

Sehnsüchtig blickt Georg Baum hinüber nach Radolfzell, kickt entschlossen einen Stein von einer Blanke des Stegs in den See, schaut kurz zu, wie sich die Wellen um die Einschlagstelle konzentrisch ausbreiten, dann wendet er sich abrupt von dem Wasserspiel ab und marschiert entschlossen zu der Baustelle der neuen Straße am Rande des Ortes Moos. Er sieht die Straßenbauarbeiten schon weit fortgeschritten und hat schon wieder das Gefühl im Abseits zu stehen, wenn er nicht bald handelt.
Unschlüssig mag er nur kurz den Bauarbeitern zugeschaut haben, bis sein Blick auf ein längst ausgedientes altes Steinhaus fällt, davor sieht er ein bis auf die Grundmauern verfallenes Fundament. Starke Eichenpfähle waren tief in den schwammigen Schnecklisand gerammt worden, darauf sieht er die Überreste von dicken Grundmauern.
Nun schätzt er ab. Er schaut nach vorn zu den Bauarbeitern und sieht in seinen Gedanken den kerzengeraden Verlauf der neuen Straße direkt an dem alten Fundament vorbeiführen. Ihm ist klar: In Zukunft wird jedes Fuhrwerk, das über die neue Straße von oder nach Radolfzell kutschiert, an genau dieser Stelle vorbeikommen wird.
Er schaut sich die Fundamentsteine vor dem alten Steinhaus nochmal genauer an und weiß, was er jetzt zu tun hat. Er entschließt sich, auf dieses alte Fundament seinen neuen Weinhandel mit einer neuen Gastwirtschaft zu bauen.

Wenn schon nicht direkt an der Bahnlinie, mag sich Johann Georg Baum denken, dann aber auf jeden Fall an dem verkehrsgünstigen Anschluss zur Eisenbahn. Also verkauft er kurz entschlossen sein Gasthaus Schiff und kauft mutig etwas oberhalb des Ortskerns, direkt neben der Straße am Ortseingang zu Moos, das Grundstück mit dem alten Haus und dem Fundament aus Bruchsteinen davor.

Auf einer bewaldeten Anhöhe an der Straße von Weiler nach Gaienhofen stand früher die Burg, später das Kloster Grünenberg. Vor Jahrzehnten war die Aufhebung des Klosters. Vermutlich wurde mit den Bruchsteinen der Burg die alte, jetzt verfallene Anlage am Rande des Ortes Moos gebaut. Nun nutzt Johann Georg Baum die Bruchsteine des Klosters und setzt damit seine neue Gastwirtschaft mit Weinhandlung auf die alten Bruchsteine des fast verfallenen Fundaments. Die dicken Außenmauern der Gastwirtschaft bestehen heute noch aus den Bruchsteinen, sogenannten Lesesteinen, des 19. Jahrhunderts.

Johann Georg Baum feiert zuversichtlich Richtfest. Mit der Namensgebung »Grüner Baum« baut er auch auf die familiäre Bindung und beweist seine Zuversicht, einen immer blühenden Gasthof auf ein tragfähiges Fundament gebaut zu haben.

Familienwappen Baum

GEBEIZTES EIGELB

Gebeiztes Eigelb ist ideal, um übrig gebliebene Eigelbe zu konservieren, und gleichzeitig ein hervorragendes Topping für Salate und andere Speisen.

ZUBEREITUNG

Höri-Salz und Zucker miteinander vermengen und die frischen Kräuter daruntermischen.
Den Boden eines flachen Gefäßes, in dem 10 Eigelbe gerade so nebeneinander Platz finden, mit der Hälfte der Salz-Zucker-Kräuter-Mischung bestreuen.
Die rohen Eigelbe vorsichtig vom Eiweiß trennen.
Die unbeschädigten Eidotter auf die Salz-Zucker-Kräuter-Mischung legen.
Mit der restlichen Mischung überstreuen.
Das Gefäß mit einem trockenen Küchentuch abdecken.
2–3 Tage im Kühlschrank lagern.
Am dritten Tag das Gefäß mit den Eidottern bei 50 °C in den Ofen schieben.
1 Tag trocknen lassen.
Die Eidotter aus der Salz-Zucker-Kräuter-Mischung pulen. In einer Dose trocken und kühl lagern.

ZUTATEN FÜR 4 PERSONEN

- *350 g Zucker*
- *Frische Kräuter je nach Saison und Gusto (z. B. Rosmarin, Thymian, Estragon etc.)*
- *10 Eigelbe*
- *500 g grobes Höri-Salz*

DIE WEISHEIT MIT DEM LÖFFEL …
Bei Bedarf über frischen Blattsalat oder Gemüse reiben.

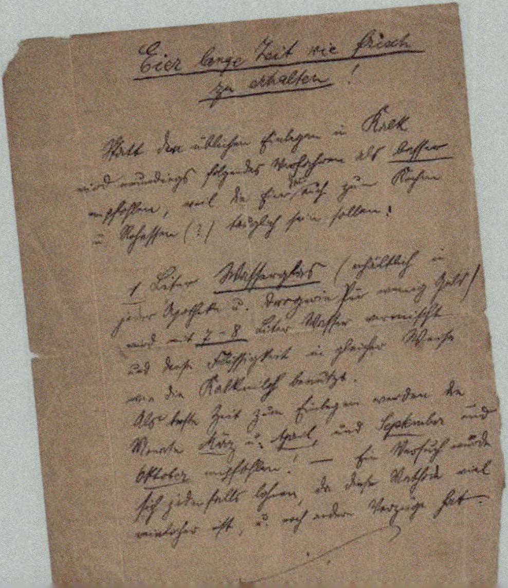
Eier lange Zeit wie frisch zu erhalten!

1885: »Wie man Eier länger haltbar macht« aus dem Kochbuch von Franz Baum

»Es wird nicht zum letzten Mal sein, dass das weitere Blühen des Grünen Baums einer Frau zu verdanken ist.«

Mit dem neuen Standort, an der Verbindungsstraße zwischen Höri und Radolfzell, sieht er auch die Chance, eine Poststelle in Moos zu errichten. Erst vor einem Jahr ging das gesamte Postwesen Badens in die Hände der Deutschen Reichspost über. Johann Georg Baum bewirbt sich zur Führung der Poststelle Moos. Mit dem täglichen Postkutschenverkehr will er seinen Grünen Baum und seinen Weinhandel an die neuen Verkehrsstrukturen des Deutschen Reichs anbinden.

Johann Georg Baum ist Vater von sieben Kindern, seine Frau Anna Maria, geborene Köpfler, steht ihm zur Seite, doch im Alter von gerade mal 50 Jahren stirbt er überraschend. Es wird nicht zum letzten Mal sein, dass das weitere Blühen des Grünen Baums einer Frau zu verdanken ist.
Anna Maria vollendet im Sinne ihres Mannes sein Lebenswerk, eröffnet im Herbst 1873 den Grünen Baum alleine, hegt und pflegt seine jungen Wurzeln und übergibt einige Jahre später ihrem Sohn Franz Baum, in der zweiten Generation, die gerade eröffnete Gastwirtschaft. Mit ihm wächst schon bald ein neuer, junger Trieb im Grünen Baum.

***1898:** Neue Allee Radolfzell–Moos*

GEBRANNTE MEHLSUPPE MIT HÖRI-BÜLLE

ZUBEREITUNG

Für die Roux den Knoblauch in Butter anschwitzen. Das Mehl dazugeben und mit einem Spachtel umrühren, bis es Blasen wirft.
Mit dem Rinder- oder Gemüsefond auffüllen und zum Kochen bringen.
Wein dazugeben und 15 Minuten weiterköcheln lassen.
Immer wieder umrühren, damit es nicht anbrennt.

Für die Einlage die Höri-Bülle in Butter kurz anschwitzen, salzen, pfeffern und mit einem Schuss Rotweinessig abschrecken. Beiseite stellen.

Für das Röstbrot die Brotwürfel in Butter langsam knusprig anrösten.
Nach Belieben können die Brotwürfel mit Chilimousse, Knoblauch oder Rosmarin angeröstet werden.

Höri-Bülle, Röstbrot und geriebenen Käse auf die Suppe geben.

ZUTATEN FÜR 4 PERSONEN

Für die Roux (Mehlschwitze)

- *1 Knoblauchzehe, feingeschnitten*
- *70 g Butter*
- *100 g Dinkelmehl*
- *1 l Rinderfond oder für Vegetarier Gemüsefond*
- *½ l Weißwein, säurebetont*

Für die Einlage

- *1 Höri-Bülle, in Sechstel geschnitten*
- *1 EL Butter*
- *2 cl Rotweinessig*
- *100 g geriebener Bergkäse (oder Parmesan)*
- *Höri-Salz*
- *Pfeffer*

Für das Röstbrot

- *250 g Brotwürfel*
- *100 g Butter*
- *1 TL Chilimousse*
- *1 TL Knoblauch, kleingeschnitten*
- *1 TL Rosmarin*

DIE WEISHEIT MIT DEM LÖFFEL …
Eine der bekanntesten Abwandlungen der ***Mehlsuppe*** *ist die Basler Mehlsuppe, die an Fasnacht für die nötige Basis vor dem Alkoholkonsum sorgen soll. Durch das lange Anrösten der Mehlschwitze (Roux) entfaltet sich der Kleber im Dinkel. Das gibt der Suppe die samtige Note und macht sie besser verdaulich.*

2. GENERATION

1910

FRANZ BAUM
FORMT DEN GRÜNEN BAUM ZU EINEM LANDGASTHOF

1905: *Grüner Baum um die Jahrtausendwende*

Franz Baum ist gerade mal 17 Jahre alt, als sein Vater Johann Georg Baum stirbt. Er ist großgewachsen, durch die Arbeit mit seinem Vater im Weinkeller mit muskulöser Figur. Er wirkt in seinen jungen Jahren schon fast wie ein richtiger Mann. Sein heller Flaum im Gesicht ist dunklen Bartstoppeln gewichen. Nach dem Tod seines Vaters bestimmt seine Mutter, Anna Maria Baum, ihn als ältesten Sohn und fünftes Kind zum Erben des Grünen Baums. Schon bald soll sich zeigen, wie klug und vorausschauend ihre Entscheidung ist.

Anna Maria weiß wohl, warum sie ihrem Sohn Franz den Grünen Baum und den Weinhandel anvertraut. Er hatte schon immer am meisten Interesse an den Geschäften seines Vaters bewiesen. Zunächst führt er mit seiner Mutter die Geschäfte des Vaters weiter, folgt dann aber schon bald dem Ruf der Verwandten in ihre Dependance nach Hüfingen. Während seines Volontariats in der Zentrale der Weinhändler-Dynastie Baum lernt er die Hürden und Tücken des Weinhandels kennen und auch seine Frau Rosa Neukum, mit der er nach Moos zurückkehrt.
Jetzt beginnt für Franz Baum seine Zeit als ebenso kluger und vorausschauender Unternehmer und Gastwirt wie dies sein Vater war.

Er ist ohne Zweifel aus dem gleichen Holz geschnitzt ist wie Johann Georg Baum. In der Tradition der Familie Baum ist Franz Baum in erster Linie ein Kaufmann. Er teilt, wie die Manager heute, das Unternehmen des Vaters in zwei unabhängige Firmen auf: die Weinhandlung Baum und das Gasthaus Grüner Baum. Die Weinhandlung baut er bald mit einem eigenen Torkel und neuem Weinkeller hinter dem Grünen Baum aus. Und die Dorfwirtschaft Grüner Baum führt er zu einem angesehenen Landgasthof, dessen Gäste auch von weiter herkommen.

Franz Baum ist voller neuer Ideen und Tatendrang. Sein Vater hatte die Weichen gestellt, sein Sohn will, wie vorgesehen, die exklusive Lage des Grünen Baums an der neuen Straße zwischen der Höri und der Metropole Radolfzell nutzen. Vor allem an den Markttagen in Radolfzell kehren im Grünen Baum die Bauern der ganzen Höri, aus dem Achtal und aus den Gebieten um Rielasingen ein. Ihre Taschen sind mit ihren Tageseinnahmen gefüllt und Franz Baum will ihnen nicht nur ein Bier oder einen Wein verkaufen. Die Männer sind seit der Frühe auf ihren Beinen. Da haben sie sich ein Vesper oder gar ein richtiges, redliches Mahl verdient.

1907: *Bericht in einem Reiseführer*

MOOS, Station Radolfzell.

Gasthaus z. grünen Baum

Besitzer: FRANZ BAUM.

Bestrenommiertes gut bürgerliches Gasthaus, direkt an der Verkehrsstrasse, mit prächtigem schattigen Garten. Grosse Lokalitäten für Gesellschaften, Vereine und Schulen. Fremdenzimmer. Anerkannt gute Küche Reine zum grössten Teil selbstgepflegte See-, Unterländer-, Tiroler u. Krankenweine. Spezialität: selbstgeräucherte Schinken. Bier v. Fass u. in Flasch., hell u. dunkel aus der bek. Brauerei Hölle, Radolfzell. Eigene Fuhrwerke Autogarage. Post und Telefon im Hause. Lohnende Fusstouren, in allernächster Nähe, prächtiger ca. 400 Morgen grosser Wald mit bestgepflegten Spazier- u. Fahrwegen. Neu angelegte mässig ansteigende Strasse, bequem für Fussgänger u. Kraftfahrzeuge in der Richtung Bankholzen **Schrotzburg**. Wunderbare Aussicht auf Ober- und Untersee, ebenso auf die nahen Hegauberge. Der Aachfluss mit sein. vielen Windungen mit ca. 5 Km. Gemarkungslänge bietet reichlich Gelegenheit zur Angelfischerei, ebenso der nahe Untersee. Gelegenheit zur Kahnfahrt bei normalem Wasserstand. Taxe hiefür bezirksamtlich geregelt. Der nahe gelegene See bietet für Jagdliebhaber reichlich Gelegenheit als Gastschütze. Für Spaziergänger schatt. Strasse, See entlang reicher Flor in Seerosen (leicht zu gewinnen.)

Es empfiehlt sich der Besitzer.

Franz Baum & Rosa Neukum

Franz Baum hatte in Hüfingen als Weinhändler das kaufmännische Rechnen gelernt. Gästen, die am Stammtisch in der Dorfschenke nur ein Bier oder ein Glas Wein trinken, will er mehr bieten. Er hat in den Restaurants im fürstlichen Donaueschingen und in der Stadt Radolfzell Speisekarten gesehen, die mit verschiedenen Mittagstischen verführen. Also schreibt auch er mit Kreide eine erste Speisekarte für den Grünen Baum auf eine dunkle Schiefertafel und hängt sie über den Stammtisch.

Im Grünen Baum gibt es nur eine Küche, hier stehen seine Mutter und seine Frau am Herd. Die beiden kochen für die Familie und servieren die gleichen Gerichte auch den Gästen. Franz Baum setzt zunächst auf eine einfache, täglich frisch gekochte Dorfgasthauskarte. Die Frauen kochen einfach, wie sie es jeweils bei ihren Müttern zu Hause gelernt hatten.

AAL IN ROTWEIN

Geräucherter Aal wurde zu Georg Baums Zeit neben dem Höri-Gemüse auf dem Radolfzeller Wochenmarkt angeboten. Aale werden im Bermudadreieck in runden 8.000 Metern Tiefe geboren. Als Larven heften sie sich an Treibgut wie Blätter, Holzteile oder gar Plastikteile, an denen sie geruhsam mit dem Golfstrom nach Europa getrieben werden. Dort ziehen sie dann die Flüsse wie den Rhein hoch in die Binnenseen, wo sie den Hauptteil ihres Lebens verbringen. Nach Erreichen der Geschlechtsfähigkeit zieht es sie dann wieder an ihren Geburtsort zurück. Zur Heimreise in die Sargassosee nutzen sie die schnelle Strömung in der Mitte des Rheins. Leider sind da auch die Turbinen der Wasserkraftwerke angebracht, in denen sie dann den sicheren Tod finden.
Hätte sich die Georg Baums Vision des bis in den Bodensee schiffbar gemachten Hochrheins bewahrheitet, wäre die Rückkehr der Bodenseeaale in die Sargassosee auch heute noch gesichert.

ZUTATEN FÜR 4 PERSONEN

- *800 g Aal, ausgenommen*
- *Mehl zum Bestäuben*
- *2 mittelgroße Höri-Büllen, in Sechstel geschnitten*
- *Sonnenblumenöl zum Anbraten*
- *1 Knoblauchzehe, feingehackt*
- *½ l Rotwein*
- *¼ l Fischfond (siehe Seite 74)*
- *1 Lorbeerblatt*
- *1 Nelke*
- *ein paar frische Estragonblätter*
- *Salz*
- *Pfeffer*

DIE WEISHEIT MIT DEM LÖFFEL …
*Als Beilagen zu **Aal** eignen sich Dampfkartoffeln oder Emmer-Brot (siehe Seite 86).*

ZUBEREITUNG

Den Aal in 5 cm große Stücke schneiden, salzen, pfeffern und in Mehl wenden.
Die Höri-Büllen mit den Aalstücken in einer Kasserolle mit Sonnenblumenöl anbraten.
Knoblauch, Lorbeerblatt, Nelke und Pfeffer dazugeben.
Mit Rotwein und Fischfond ablöschen und 15 Minuten bei schwacher Hitze köcheln lassen.
Den Aal und die Höri-Büllen herausnehmen und die restliche Flüssigkeit auf 0,3 l reduzieren (eindicken).
Den Aal und die Büllen auf Tellern anrichten und mit der eingedickten Brühe übergießen.
Mit den Estragonblättern bestreuen und servieren.

***1915:** Marie Bölli. (Franz Baum nimmt sie in die Familie Grüner Baum auf.)*

Schon bald erkennt der Patron Franz Baum, dass er mit einer größeren Auswahl, der einfachen und aufrichtigen Landhausküche zusätzlich Gäste aus der Stadt gewinnt. In den Bürgerhäusern in Radolfzell und Singen spricht sich die Grüner Baum-Küche bald herum, und immer mehr gutsituierte Bürger lassen sich am Wochenende nach Moos kutschieren und kehren im Grünen Baum ein.

Um seine Mutter und Ehefrau zu entlasten, übernimmt Franz Baum die zwölfjährige Marie Böhler als Mündel, da sie als uneheliche Tochter, wie zu dieser Zeit üblich, schutzlos auf der Straße steht. Die kleine Marie entwickelt sich unter Anleitung der beiden Hausdamen bald zu einer versierten Stütze der Küche des Grünen Baums.

Es ist die Zeit, zu der noch neben jedem Landgasthaus auch Stallungen für drei oder vier Kühe, Schweine und Hühner stehen. Doch der Grüne Baum ist ein neu gebautes Landgasthaus, das eher einem Herrenhaus gleicht. Deshalb baut Franz Baum einen neuen, größeren Schweinestall hinter sein Gasthaus und beginnt mit einer eigenen Schweinezucht. Jetzt locken Metzelsuppe, Blut- und Leberwürste zu Schlachtfesten und danach Schweinelummel, Krustenbraten und Schweinshaxen als Sonntagsgerichte.

Der Grüne Baum wächst und gedeiht zu einem stattlichen Dorfgasthaus. Am Stammtisch sitzen der Herr Lehrer und der Herr Bürgermeister, hier werden die Dorfhochzeiten gefeiert und es wird zu Vereinstreffen geladen. Franz Baum beweist sich als geselliger Wirt und kluger Geschäftsmann.

Franz und Rosa haben vier Kinder. Der Grüne Baum ist als ein reines Gasthaus vor der Jahrhundertwende gebaut. Die ganze Familie lebt in dem Gasthaus, ein eignes Wohnzimmer oder eigene Küche hat die Familie nicht. Im Obergeschoss sind der große Festsaal und drei Schlafzimmer. Die Gaststube und Küche sind im Untergeschoss. Deshalb baut Franz Baum für seine sechsköpfige Familie 1905, gegenüber der neuen Straße, ein stattliches Wohnhaus. Später wird er hierhin die Weinhandlung auslagern.

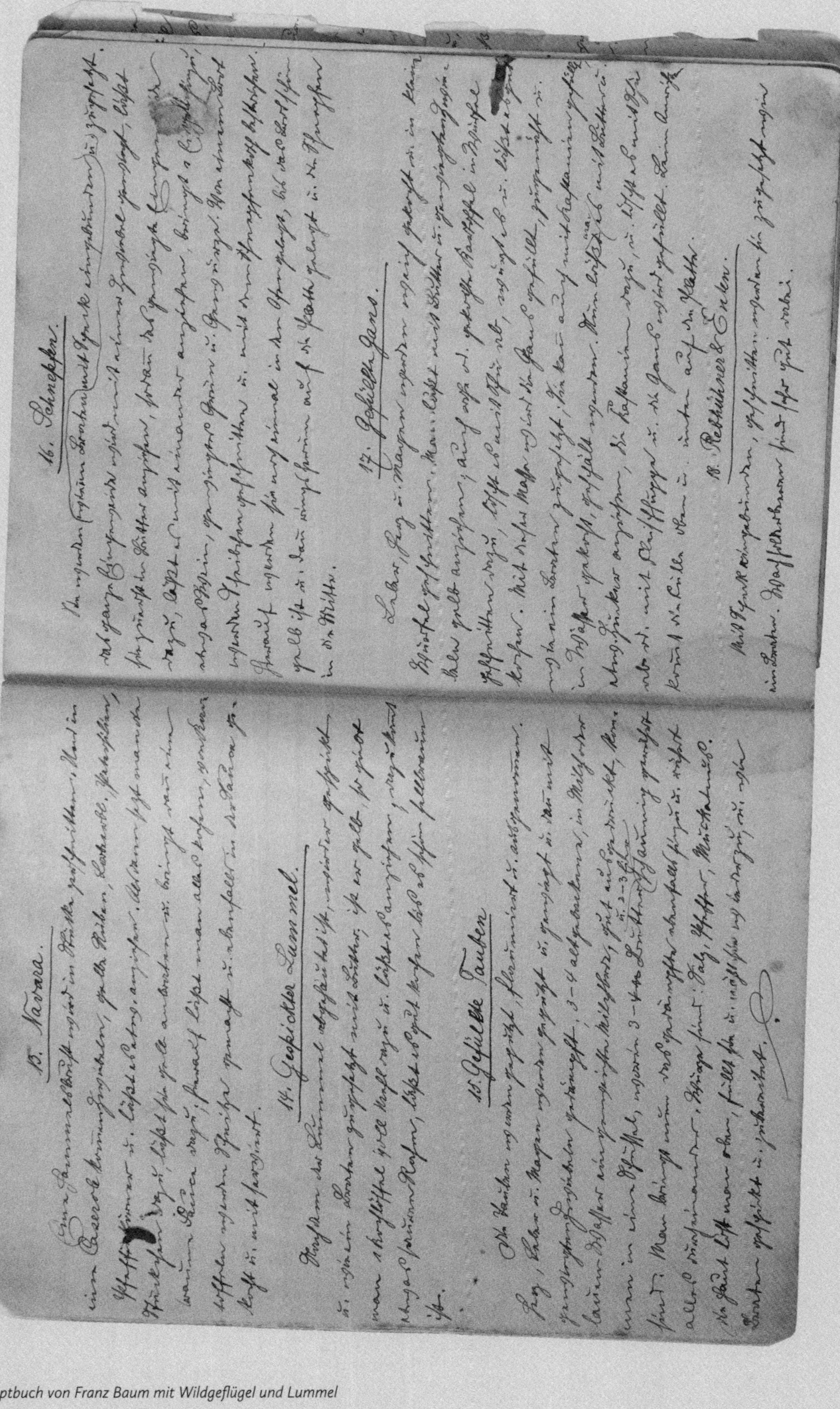
15. Navara.
14. Gespickter Lummel.
15. Gefüllte Tauben
16. Schnepfen.
17. Gefüllte Gans.
18. Rebhühner & Enten.

1896: *Rezeptbuch von Franz Baum mit Wildgeflügel und Lummel*

GEGRILLTES MIETENGEMÜSE

Bevor der Kühlschrank erfunden wurde, wurde Knollengemüse in mit Maschendraht ausgelegten Mieten (Erdlöchern) eingegraben und gelagert. Sämtliche Knollengemüse wie Sellerie, Karotten, Rote und Gelbe Bete, Rüben, Reben und auch Kartoffeln wurden auf diese Weise vor Wärme und vor Kälte, aber auch vor Nagetieren geschützt. Im kühlen Klima der Mieten schrumpfen die Knollen etwas und erhalten eine besonders kräftige, mineralische Note.

ZUTATEN FÜR 4 PERSONEN

- *1,5 kg gemischtes Mietengemüse (z. B. Sellerie, Karotten blau, gelb und orange, Rote und Gelbe Bete, Rüben und Reben)*
- *2 EL Waldhonig*
- *5 cl Apfelessig*
- *10 ml kaltgepresstes Rapsöl*
- *1 Rosmarinzeig*
- *1 Thymianzweig*
- *Höri-Salz*

ZUBEREITUNG

Mietengemüse gut waschen.
Karotten längs halbieren, die Knollengemüse vierteln beziehungsweise achteln.
Waldhonig, Apfelessig und Rapsöl miteinander vermengen.
Ein Backblech mit der Hälfte der Honig-Essig-Öl-Marinade bestreichen.
Das Mietengemüse mit der Schneidseite darauflegen.
Mit der zweiten Hälfte der Marinade bestreichen.
Mit etwas Höri-Salz bestreuen.
Einen Rosmarinzweig und einen Thymianzweig dazulegen.
Im Backofen bei 180 °C 20 Minuten garen.
Herausnehmen und servieren.

»Das Postgeheimnis ist Ehrensache!«

1896: *Sekretär und Öffnungszeitenschild aus der Poststelle Moos*

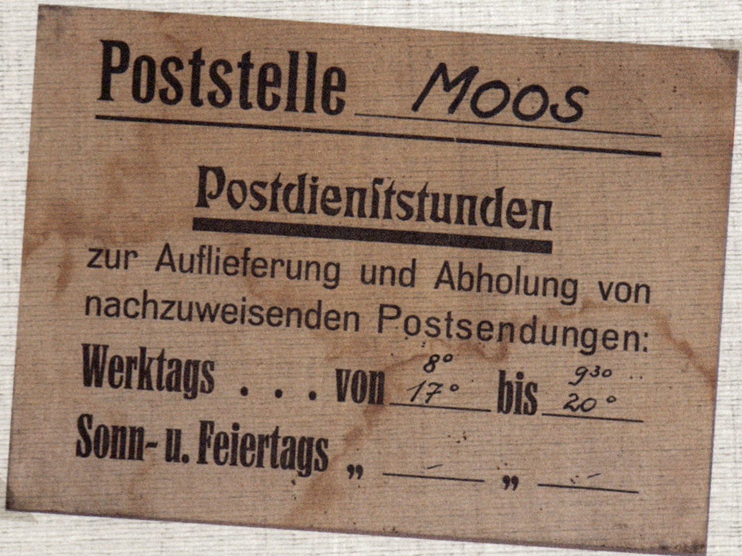

Dorfgasthaus, Poststelle und Schultes

Wenn das sein Vater noch hätte erleben dürfen! Es war von Anfang an die Idee von Johann Georg Baum, er hatte schon die ersten Anträge gestellt, noch vor Fertigstellung des Grünen Baums. Jetzt, 1908, bekommt sein Sohn, Franz Baum, endlich den Zuschlag und soll den Grünen Baum zu einer Poststelle im großen Netz der Deutschen Reichspost ausbauen. Die Pferde der stolzen Vierspänner, die von Radolfzell bis Stein am Rhein kutschieren, sollen in Moos ausgetauscht werden. Eine weitere Postkutschenlinie startet täglich in Radolfzell bei dem Hotel Sonne-Post und fährt über Öhringen und den Schiener Berg, ebenfalls mit Station im Grünen Baum in Moos.

»Wer telefonieren will, muss in den Grünen Baum.«

Franz Baum muss zu Schulungen nach Karlsruhe, ein Poststellenleiter ist immer auch ein vereidigter Beamter! Und damit eine unbescholtene, hochangesehene Persönlichkeit. Das Postgeheimnis ist Ehrensache! Wer telefonieren will, muss in den Grünen Baum, dafür werden die Telegrafenmasten von der Radolfzeller Post bis nach Moos aufgestellt. Im Grünen Baum hat die Reichspost diesen modernen Fernsprechapparat installiert, durch den man sich jetzt, für viele Bürger noch unglaublich, mit der ganzen Welt verbinden lassen kann.

Ebenso bedeutend sind für den Wirt des Grünen Baums jedoch die monatlichen Rentenauszahlungen. Der Poststellenleiter Franz Baum zahlt ab dem 1. Januar 1908 jeden Ersten im Monat die staatliche Rente an die Mooser Rentner aus. Als Grüner Baum-Wirt kassiert er wiederum einen Teil davon ein. Denn die wenigsten der Männer, und es sind ausschließlich Männer, wollen beim Besuch der Dorfgaststätte auf ihr Viertel Wein und ein Gespräch unter Gleichaltrigen verzichten.

ZUTATEN FÜR 4 PERSONEN

- 1 l Rotwein
- 0,1 l Essig
- 2 Knoblauchzehen, kleingehackt
- 2 Lorbeerblätter
- 1 Nelke
- 4 Wacholderbeeren
- 3 Höri-Büllen, kleingeschnitten
- 1 EL Pfeffer
- 1 kg Rehfleisch aus Schulter und Hals
- Bratöl
- 2 EL Tomatenmark
- 1 EL Mehl
- 100 g Kuvertüre (Bitterschokolade mit 70 % Kakao)
- ½ Chilischote (ohne Kerne)
- 4 cl Rotweinessig
- 6 cl Preiselbeersaft
- Pfeffer
- Salz

REHPFEFFER MIT KAKAO GEBUNDEN

Neben Gaumenfreuden in seiner Wirtschaft bot Franz Baum seinen Gästen Jagdausflüge auf den Schienerberg und Angelausfahrten auf den Untersee an, sodass die Gäste ihre Mahlzeiten wie Reh, Hase, Fasan, Wasservögel und Bodenseefische teilweise selbst erlegten.

ZUBEREITUNG

Rotwein, Essig, Knoblauchzehen, Lorbeerblätter, Nelken, Wacholderbeeren, Höri-Büllen und Pfeffer zu einer Marinade miteinander vermengen.
Das Rehfleisch mindestens 3 Tage in die Marinade einlegen.
Das marinierte Rehfleisch in einem Sieb über einer Schüssel abtropfen lassen. Die abgetropfte Marinade wird später weiter verwertet.
Das Fleisch in einer Kasserolle mit heißem Bratöl anbraten.
Das Tomatenmark dazugeben und weiterrösten, bis der Boden trocken ist.
Mit ¼ der Marinade auffüllen und weiterrösten, bis die Marinade verdunstet ist.
Mit Mehl bestäuben und kurz anrösten.
Mit der restlichen Marinade auffüllen und zugedeckt 1 Stunde köcheln lassen.
Ab und an umrühren und darauf achten, dass nichts anbrennt.
Eventuell Flüssigkeit, die durch Verdunstung verloren geht, wieder mit etwas Wasser ausgleichen.
Nach 1 Stunde sollte der Rehpfeffer ziemlich gar sein, sonst noch etwas weiterkochen lassen.
Die Kuvertüre zur Bindung darunterrühren.
Mit Salz, Pfeffer, Knoblauch, Chili, Essig und Preiselbeersaft abschmecken. Der Geschmack sollte leicht süß-sauer und dezent scharf sein.

DIE WEISHEIT MIT DEM LÖFFEL …
***Rehpfeffer** wurde zu Franz Baums Zeit mit Blut gebunden. Meist benutzte man Schweineblut vom Metzger. So wurde der Rehpfeffer sehr gehaltvoll. Heute verwendet man gerne die Bindekraft des Kakaos, der ihm einen sehr feinen Geschmack verleiht.*

Mir schwant Übles …

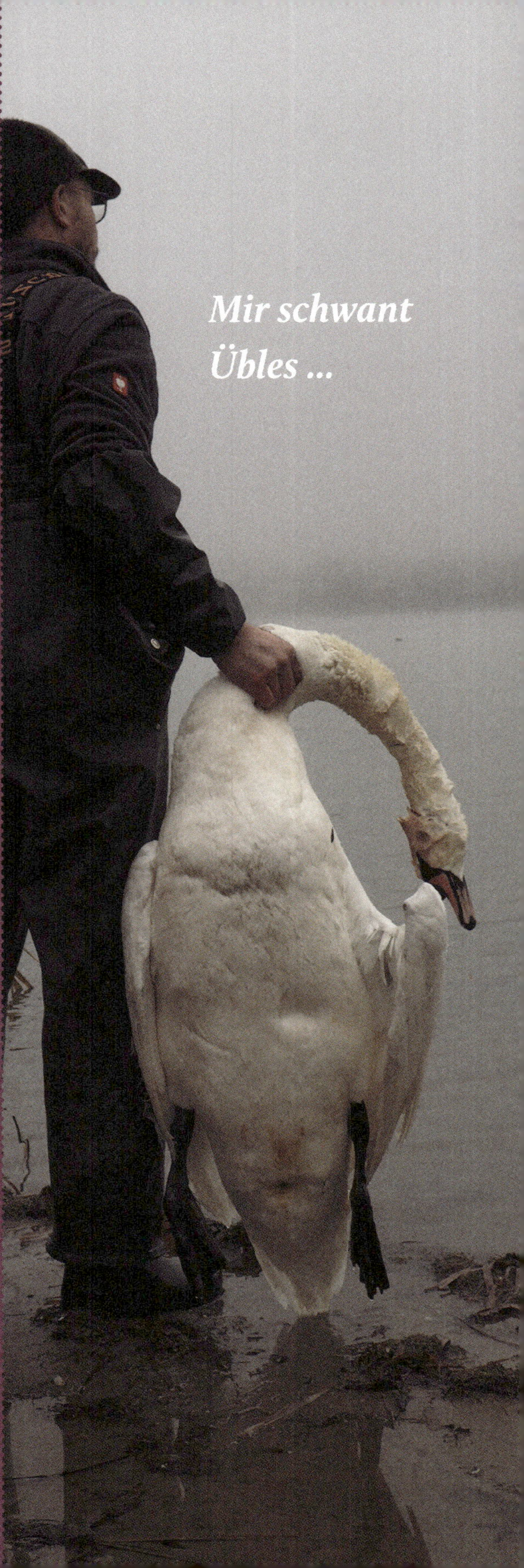

HÄPPCHEN …
ALS SCHWAN NOCH AUF DER SPEISEKARTE STEHT

Dank der Revolution von 1848 ist das Jagdregal des Adels aufgehoben und Franz Baum vermittelt seinen Gästen Jagdausflüge auf der Höri. Von Haute Cuisine ist in den Dorfgaststätten wie dem Grünen Baum zur Kaiserzeit noch längst kein Wort zu vernehmen, aber der Rehrücken Baden-Baden zählt schon zu den Klassikern in den Adelshäusern und natürlich erst recht Schwan. Der Ehrgeiz, die feinsten Genüsse der Höri auch den Feriengästen zu servieren, sorgt für Rehrücken, Belchenbrüstchen und eben auch Schwan auf der Grüner Baum-Karte. Franz Baum hat als Wirt viele Höhen und Tiefen in seinem Gasthaus miterlebt. In Zeiten des Ersten Weltkriegs – und auch danach – waren die Menschen nicht wählerisch. Freilich isst man alles, was essbar ist! Schwan, Wildente oder Belchen zählen dabei am See zu den hochwertigeren Genüssen, nicht jeder kann sich einen Wasservogel als Braten leisten.
Auch nach dem Zweiten Weltkrieg werden alle Wasservögel gejagt und verspeist, die ein paar Gramm Fleisch unter den Flügeln versprechen. Doch mit wachsendem Wohlstand flaut das Interesse an den Wasservögeln ab. Zum Teil mit Recht, denn unterm Strich verschwinden leider sehr viele Vogelarten am Bodensee für immer. Es gibt viele Störfaktoren, deshalb dürfen viele Wasservögel heute folgerichtig nicht mehr gejagt werden. Doch den Veränderungen angepasst haben sich der Höckerschwan, die Stockenten und das Blesshuhn. Deshalb dürfen die Jäger sie auch ins Visier nehmen. Franz Baum hat den Schwan noch auf seine Speisekarte geschrieben. Den heutigen Patron, Hubert Neidhart, sollte man nur mit vorgehaltener Hand mal danach fragen …

BADISCHE KNÖPFLE

Die Badener machen Knöpfle, die Schwaben Spätzle. Der Unterschied liegt im Detail:
Spätzleteig wird länger geknetet, schon fast geschlagen, bis der Teig Blasen wirft. So entfaltet sich der Kleber im Mehl besser und der Teig wird zäher, wodurch er sich wiederum perfekt zum Schaben eignet.
Der Knöpfleteig wird eher gerührt, also nur vermengt. So bleibt er lockerer und lässt sich durch ein Lochblech zu Knöpfle drücken.

ZUTATEN FÜR 4 PERSONEN

- *4 Eier*
- *50 ml Milch*
- *400 g Mehl vom Weichweizen*
- *Muskat*
- *Salz*

ZUBEREITUNG

Eier und Milch in eine Schüssel geben.
Mehl darunterrühren, bis es ein halbfester Teig ist.
Je nach Teigkonsistenz noch etwas Mehl oder Milch dazugeben.
Salz und etwas Muskatnuss reinreiben.
Durch ein Knöpfleblech in kochendes Salzwasser drücken oder mit einem Teelöffel zu kleinen Nockerln abstechen.
Einmal aufkochen lassen.
Herausnehmen und sofort in eine Schüssel mit einem Tropfen Butter servieren, so bleibt die austretende Stärke an den Knöpfle hängen, wodurch sie die Soße leichter aufnehmen.

1964: *Bleiglasfenster von Robert Seyfried »Die Mooser Schätze«, Bodenseefische & Höri-Gemüse*

Der Stammtisch im Grünen Baum ist für die reicheren Bauern ein fester Bestandteil des Tagesablaufs. Die Knechte schuften auf den Feldern, die Grundbesitzer treffen sich zum »znüne«, vor dem Mittagessen, zum »s´viere« und vor dem Abendessen, je nach Wetter und Jahreszeit bleiben sie gerne auch mal für ein zweites oder gar drittes Viertele sitzen.
Bei Schlechtwetter und an kalten Wintertagen lassen es die Höri-Bauern gemütlich angehen. Es ist Zeit, über die Ernten zu reden, in kleinen Gruppen spielen sie »Cego« und natürlich wird dabei auch immer gerne kräftig gebechert. Sonntags, nach der Kirche, treffen sich die Männer zum Frühschoppen und abends, nach der Stallarbeit, zum Spätschoppen.
Die Frauen im Ort zeigten sich vom Leben im Grünen Baum weniger begeistert. Im Archiv des Grünen Baums ist ein Dialog zweier Frauen überliefert, wobei die »Metzger-Marie« sich wünschen würde, dieser Grüne Baum solle abbrennen. Die Antwort ihrer Leidensgenossin, der »Boten-Sophie«, scheint die Mooser Männer gut zu kennen: »No würred sie no uf de Äsche hocke.«

1911 bietet einen Jahrhundertwein. Es ist ein großartiges Weinjahr für Deutschland. Die für viele Reben tödliche Reblaus ist noch nicht bis in den Süden der Weinbaugebiete in Baden vorgedrungen. Franz Baum ist der Generalvertreter der Höri-Weine. Die Mengen sind unerheblich, aber die Preise für gute Weine steigen emsig, umso mehr die Reblaus in den nördlichen Weinbergen wütet. In Frankreich hat die Laus schon die meisten Weinberge vernichtet.

»In Moos, wie überall auf der Höri, scheint die Welt in Ordnung.«

Franz Baum schaltet zu dieser Zeit Anzeigen auch in überregionalen Zeitungen. Am Bodensee, in den Städten wie Meersburg und Konstanz, beginnt das Geschäft mit dem Fremdenverkehr. Da will Franz mit seinem Grünen Baum mit dabei sein. Gerade hatte er sein Wohnhaus für die Familie gegenüber des Landgasthofs gebaut, jetzt kann er im oberen Stock Fremdenzimmer ausbauen. In einem Reiseführer wirbt er mit seinen »selbstgepflegten See-, Unterländer, Tiroler Weine und Krankenweinen«. Von fränkischen »Krankenweinen« versprachen sich damals manche Mediziner Heilung, da es in Franken im Verhältnis zu anderen Gebieten auffallend wenig Cholera- und Pest-Patienten gab. Zusätzlich verweist er in verschiedenen Anzeigen auf die »anerkannt gute Küche« des Grünen Baums und lockt auch Jäger als »Gastschützen« in das Jagdrevier des Schiener Berg. Dabei stehen zu der Zeit natürlich auch Rehrücken auf der Speisekarte, Rehragout und der Klassiker einer guten Jagdküche: Rehpfeffer.

Man sieht auch Franz Baum persönlich den wachsenden Wohlstand seiner Unternehmungen an. Sein Gesicht ist voller geworden, er trägt, wie zu Kaiserzeiten üblich, einen dicken Schnurrbart und trägt seine Anzugsjacke jetzt meist, vermutlich seiner Figur wegen, geöffnet. Er sitzt im Gemeinderat und wird zum Bürgermeister gewählt.

Es sind nicht nur für den Grünen Baum blühende Zeiten. In Moos, wie überall auf der Höri, scheint die Welt in Ordnung.
Doch weltweit brodeln politische Unruhen. Der Balkankrieg beginnt und der deutsche Reichskanzler Theobald von Bethmann Hollweg scheitert mit seinen Verhandlungen mit dem britischen Kriegsminister. **Der Erste Weltkrieg beginnt.**

»Eine schallende Ohrfeige für einen wildfremden Gast, das ist schlicht unmöglich!«

Eine Ohrfeige und ein neuer Wirt

Rosa und Franz Baum haben zwei Töchter und zwei Söhne. Die Weichen sind gestellt. Der ältere, Wilhelm, soll den Grünen Baum übernehmen, der jüngere, Pirmin, die Weinhandlung. Für die beiden Töchter Sophie und Julia wird man sicher eine gute Partie finden, schließlich bietet die Familie Baum keine schlechte Mitgift.
Doch über Nacht ziehen dunkle Wolken auf und Wilhelm Baum steht als junger Mann mit den ersten Kompanien auf einem der menschenvernichtenden Schlachtfelder der neuen Zeit. Im Herbst 1914 zählt er schon zu den ersten Gefallenen, der bald über neun Millionen toten Soldaten des Ersten Weltkriegs.
Krieg und wirtschaftliche Not gehen meist Hand in Hand. Selbst den reichsten Höri-Bauern geht schon bald das Geld aus. Franz Baum erweist sich als guter Patron seiner Gäste. Gerade in schlechten Zeiten rücken die Menschen in den kleinen Orten enger zusammen. Der Kachelofen am Stammtisch wärmt die verunsicherten und traurigen Seelen während der langen Kriegsjahre. Zwölf Pfennig kostet ein Bier, wer kein Geld hat, bringt stattdessen ein Ei mit. Die Fischer beliefern den Grünen Baum mit Felchen aus dem Bodensee, für die es drei Bier und einen Schnaps gibt.

Aber wie immer, nicht allen Zeitgenossen geht es gleich schlecht. Der gute Ruf als ausgezeichneter Landgasthof hat Bestand. In Radolfzell steht die Sonne-Post zum Verkauf. Wendelin Maier ist einer der Interessenten. Er scheint ein paar Groschen in seiner Tasche zu haben und kehrt in Moos im Grünen Baum ein.
Sophie Baum, die älteste Tochter, steht hinter der Theke und führt den Service. Wendelin Maier lässt sich von ihr bedienen. Vielleicht ist er zu forsch zu ihr, oder wird gar übergriffig. Dienstmädchen müssen sich zu dieser Zeit viel gefallen lassen. Doch Sophie Baum ist kein Dienstmädchen, sondern die Haustochter! In diesem Falle hat der fremde Herr wohl die Rechnung ohne den Wirt, beziehungsweise die Wirtin, gemacht. Was auch immer genau vorgefallen sein mag, wer weiß? Jedenfalls ertönt in dem Gastraum plötzlich eine schallende Ohrfeige und der auswärtige Gast, Wendelin Maier, hält sich seine rote Wange.
Schnell ist die Ohrfeige das Ortsgespräch. In Moos kennt man die couragierte Sophie Baum. Aber jetzt ging sie doch für viele wirklich zu weit. Eine schallende Ohrfeige für einen wildfremden Gast, das ist schlicht unmöglich!

Aber noch mehr rückt die Ohrfeige in den Mittelpunkt des Ortstratsches, als kurze Zeit später genau diese Sophie die Hochzeit mit genau diesem Wendelin bekannt gibt. Jetzt dürfen die Tratschtanten ihr Maul zerreißen.
Doch schon bald beweist sich, mit welch glücklichem Händchen, Sophie diesem fremden Mann die Ohrfeige gab. Wendelin Maier wird der dritte Grüner Baum-Wirt und auf jeden Fall ist in kulinarischer Hinsicht die Ohrfeige ein feiner Gewinn für den Fortbestand des Grünen Baums.

ZUTATEN FÜR 4 PERSONEN

- *1 große Schleie (ca. 1,5 kg) oder 2 kleine, ausgenommen, nicht geschuppt*
- *1 Höri-Bülle*
- *1 Nelke*
- *1 Lorbeerblatt*
- *1 Wacholderbeere*
- *1 Sternanis*
- *1 dl Weißweinessig*
- *1 Karotte, in feine Streifen geschnitten*
- *1 Fenchelknolle, in feine Streifen geschnitten*
- *½ Lauchstange, in feine Streifen geschnitten*
- *5 % Salz im Verhältnis zum Wasser*

SCHLEIE BLAU

Die Fischerei war früher auf Weißfische fokussiert. Schleien, Karpfen und Brachsen waren auf der Wiese (Flachwasserzone vor der Halde) leichter zu fangen und konnten in Holzkästen im See gehältert werden. Auf Felchen wurde eher in der Laichzeit gesetzt, da gingen ganze Schwärme ins Netz. Außerdem hatten die Weißfische mehr Fett, wodurch sie sich besser zum Räuchern eigneten.

ZUBEREITUNG

Die Bauchhöhle der Schleie gut auswaschen.
Die Höri-Bülle mit einer Nelke und einem Lorbeerblatt spicken.
Für den Sud genügend Wasser in einen Topf geben, so dass die Schleie komplett Platz darin findet, und mit der gesprickten Bülle, Salz (5 %), Wacholderbeeren, Sternanis und Weißweinessig zum Kochen bringen.
Die Schleie in den Sud einlegen und kurz aufkochen lassen.
Die Gemüsestreifen dazugeben.
Je nach Größe der Schleie weitere 10–15 Minuten knapp unter dem Siedepunkt ziehen lassen.
Gartest: Hinter die Kiemen schauen, das Rot sollte sich grau verfärbt haben.

DIE WEISHEIT MIT DEM LÖFFEL …
*Zur **Schleie blau** passen perfekt aufsteigende Butter (siehe Seite 55) und Kartoffeln.*
Die Bezeichnung »blau« verdankt das Gericht der Schleimhaut der Schleie, die sich beim Kochen blau verfärbt.
Die Schleie sollten absolut frisch sein, am besten lebend-frisch, weshalb Gottfried Neidhart ein Aquarium ins Restaurant stellte, aus dem die Gäste ihre Fische für Forelle oder Schleie blau selbst aussuchen konnten.

GEWÜRZREDUKTION

Um Soßen wie Sauce Hollandaise und Beurre blanc die nötige Würze zu geben, empfiehlt es sich, eine Gewürzreduktion herzustellen, in der die Würzkraft der Gewürze konzentriert ist und die dann den Soßen beigegeben werden kann.

DIE WEISHEIT MIT DEM LÖFFEL ...
Je nach Gusto kann man noch andere Gewürze wie Estargon, Thymian, Kerbel, Rosmarin, Senfkörner und Koriander dazugeben.

ZUTATEN FÜR 4 PERSONEN (10CL)

- *1 Lorbeerblatt*
- *1 Nelke*
- *2 Wacholderbeeren*
- *ein paar Pfefferkörner*
- *1 Höri-Bülle bzw. Zwiebel*
- *¼ l Weißweinessig*
- *1 l Wasser*

ZUBEREITUNG

Alle Zutaten in einem Topf leicht köcheln lassen, bis die Flüssigkeit auf 10 cl reduziert ist. Passieren und je nach Rezept verwenden.

DREIERLEI BUTTERSOSSEN

Auguste Escoffier (1846–1935) gilt als einer der größten Reformer der Kochkunst Ende des 19. und Anfang des 20. Jahrhunderts. Als Küchenchef in den besten Grandhotels, aber auch in etlichen Königshäusern Europas gliederte er die Gerichte in 13-Gänge-Menüs und strukturierte die Küche in einzelne Partien wie Saucier, Gardemanger, Entremetier, Patissier usw. ein. Spezialitäten anderer Länder adaptierte er in die Haute Cuisine. Mit seinem Buch »Le Guide Culinaire« erlangte er Weltruhm. Seine darin beschriebenen Rezepte, Techniken und Richtlinien wie die Einstufung verschiedener Buttersoßen zu Fisch oder Gemüse gelten heute noch. Wendelin Maier war kein gelernter Koch, seine Instruktionen an die Küche bezog er neben seiner Erfahrung als Kellner beim Zubereiten der Speisen am Tisch in den Restaurants der Grandhotels Europas, auch aus Escoffiers »Le Guide Culinaire« und »Le Répertoire de la Cuisine«.

ZUBEREITUNG

Beurre fondu (zerlassene Butter)
Die Butter bei wenig Hitze schmelzen.

Beurre brun (noisette / aufsteigende Butter)
Die Butter in einer kleinen Pfanne oder Topf zergehen lassen, bis sie anfängt zu schäumen und »aufsteigt«. In diesem Moment trennt sich die Butter von der Molke, die Molke wird am Pfannenboden leicht geröstet und gibt der Butter eine leicht bräunliche Farbe und einen nussigen Geschmack.

Beurre blanc (weiße Butter)
Die Butter bei wenig Hitze schmelzen.
Gewürzreduktion und Sahne hinzugeben und mit dem Mixstab aufmixen.
Mit Salz, Pfeffer und einem Spritzer Zitrone abschmecken.

ZUTATEN FÜR 4 PERSONEN (10CL)

Für die Beurre fondu (zerlassene Butter)
- *250 g Butter*

Für die Beurre brun (noisette / aufsteigende Butter)
- *250 g Butter*

Für die Beurre blanc (weiße Butter)
- *250 g Butter*
- *2 cl Gewürzreduktion (siehe Seite 54)*
- *50 ml Sahne*
- *½ Zitrone*
- *Höri-Salz*
- *Pfeffer*

DIE WEISHEIT MIT DEM LÖFFEL …
Unterstützend zur besseren Bindung oder zum Emulsionsvorgang der ***Beurre blanc*** *kann man 20 g Hechtbortaga (getrockneter Hechtrogen) daruntermixen. Das erhöht den Geschmack und bindet die Butter mit der Flüssigkeit.*
Hechtrogen ist im Grünen Baum-Lädele erhältlich.

1. Zerlassene Butter

2. Aufsteigende Butter (Beurre brun)

3. Aufsteigende Butter (Beurre noisette) auf den Punkt!

1874:
Geburtsort Hubersthofen/ Baar, Gasthaus Adler

3. GENERATION

1919

WENDELIN MAIER VERWANDELT DEN GRÜNEN BAUM ZU EINEM RESTAURANT

Franz Baum muss seinen Schwiegersohn Wendelin Maier nicht lieben. Offensichtlich tut dies seine Tochter Sophie. Es sind umstürzlerische Zeiten. In Berlin hat der Kaiser abgedankt und sich nach Belgien abgesetzt. Heftige Kämpfe zwischen den Republikaner und Royalisten sind an der Tagesordnung. Die Kommunistische Partei Deutschlands (KPD) und auch die Sozialdemokraten kämpfen in Berlin für das Frauenwahlrecht. Sophie Baum nimmt sich unabhängig davon in Moos ihr Wahlrecht und heiratet 1909 ihren Wendelin, vermutlich hat sie ihren Vater nicht lange gefragt.

Franz Baum und Wendelin Maier spiegeln in ihren Personen die politischen Parteien in Berlin. Franz Baum ist eine Amtsperson, der Bürgermeister in Moos, ein konservativer Bewahrer und bodenständiger Patron seines Landgasthofs. Wendelin Maier ist dagegen ein junger, weltgewandter Mann, dem jede Art von Nationalismus fremd ist. Er ist für damalige Verhältnisse weit gereist und spricht Französisch wie Englisch.

Vor allem aber ist Wendelin Maier ein Mann, wie es zu dieser Zeit auf der ländlichen Höri wohl kaum einen zweiten gibt. Er ist stets korrekt gekleidet, mit dunklem Anzug, Binde oder Fliege. Seine kurzen Haare sind streng gescheitelt, aus seinen Augen blitzen Intelligenz und Mut. Seine Hände sind, für diese Zeit, ungewöhnlich hell und vor allem immer absolut sauber. Keine Spur von derber Landarbeit, mit arbeitssamen Schrunden und Furchen. Seine Fingernägel sind akkurat kurz geschnitten. Eine Frau wie Sophie Baum registriert dies alles wohlwollend.

Mit 14 Jahren in die Welt bis Kairo

Wendelin Maier kommt ursprünglich aus dem kleinen Flecken Hubertshofen, am Rande des Schwarzwaldes, oberhalb der Baar. Der Ort hat kein Dutzend Häuser, im Mittelpunkt das Gasthaus Adler. Acht Kinder hatte die Wirtsfamilie Maier, der jüngste ist Wendelin. Er selbst nennt sich in einer Rede in Moos als bloßer »Kartenfaktor« der Familie. So interpretiert er selbst seine Familienzugehörigkeit, da er sich schon bald von seinen Reisen immer wieder nur mit einer Postkarte zu Hause meldet. Eine Postkarte zeigt den jungen Wendelin auf einem Kamel vor den Pyramiden von Gizeh – was für ein exotisches Dokument eines aufregenden Lebens zu der Zeit.

Wie damals üblich, wurden die Jüngsten nach Abschluss der Volksschule außer Haus geschickt, um für ihren eigenen Lebensunterhalt zu sorgen. Als Wirtssohn kannte er die Arbeitswelt in der Gaststube und Küche. »Lehrjahre sind keine Herrenjahre«, verhieß den Lehrbuben keine schöne Zeit, dem rauen Ton in der Küche will er ausweichen und erklärt später in einer selbstverfassten Rede: »Um Geld zu verdienen, lag der Beruf des Kellners am nächsten.«

Mit gerade mal vierzehn Jahren schnürt der junge Wendelin in Hubertshofen sein Bündel und zieht in die nächstgelegene Stadt, in das fürstliche Donaueschingen. Im Hotel & Solbad zum Schützen findet sich der Dorfbub plötzlich in einer noblen Gesellschaft. Er lernt, elegante Frauen in feiner Seide, mit einem Hauch von feinstem Parfüm, zu bedienen. Die Herren tragen Smoking und Zylinder, rauchen Zigarren und führen offensichtlich bedeutungsvolle Gespräche.
Mittendrin der junge Wendelin Maier, der sich schnell umstellen muss. Der Stallgeruch des kleinen Ortes Huberthofen muss aus seinen Klamotten. Zur Arbeit – und das heißt den ganzen Tag bis spät in die Nacht – trägt er jetzt feinen Zwirn und weißes Hemd, sowie Weste und Binde oder Fliege. Täglich steht er frisch gewaschen, gekämmt und gestriegelt zum Dienst bereit. Das Leben in der Stadt und den feineren Kreisen gefällt ihm. Die langen Arbeitstage nimmt er leicht. Schon kurz nach der Lehre wird er zum Oberkellner befördert, doch Wendelin will mehr.
Mit einem Zeugnis und den besten Noten ausstaffiert, macht er sich 1907 auf in die Schweiz. Dort locken die großen Grand Hotels, in der die internationale High Society von Industriellen, Adligen und Künstlern logiert. Der junge Schwarzwälder bleibt eine Saison in einem der noblen Grand Hotels in Bern. In der zweisprachigen Stadt lernt er schnell Französisch und fühlt sich nun gerüstet für die verlockend klingenden Städte wie Paris und Cannes, wo er jeweils eine Saison arbeitet.

1905: Wendelin in Kairo

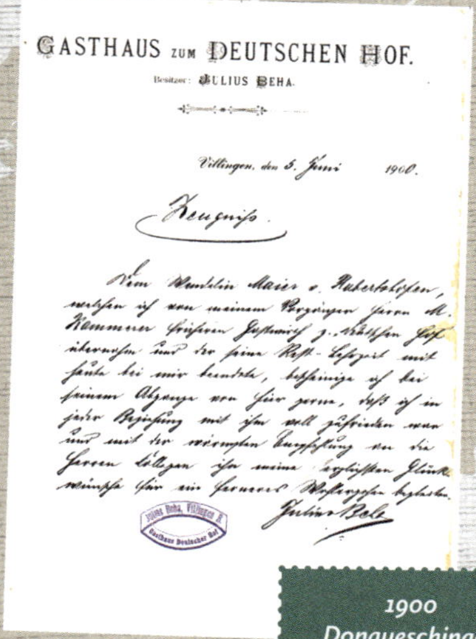
GASTHAUS zum DEUTSCHEN HOF.

Besitzer: Julius Beha.

Villingen, den 5. Juni 1900.

Zeugnis

Julius Beha

1900
Donaueschingen

»Wendelin Maier hat längst den Duft der großen weiten Welt in der Nase.«

Gruss aus Hubertshofen

1909
Liverpool & Felixstowe

1900
St. Moritz und
Bern, Schweiz

SCHWEIZER HOTELIER-VEREIN

ZEUGNIS CERTIFICAT

1905
Kairo

1910
Moos

Speisekartenvorlage vom Grünen Baum in Erinnerung an seine Wanderjahre

HÔTEL-NICE-NICE
KRAFT'S
Gd HÔTEL DE NICE
A NICE
(NIZZA)
BÖRSCH & STROBEL, Succrs

Nous certifions que le nommé Maier Wendelin a été à notre service en qualité de sommelier de salle du 10 Octobre 1900 au 1 Mai 1901, pendant ce temps nous avons été très contents de lui sous tous les rapports et nous nous faisons un plaisir de le recommander à nos collègues …

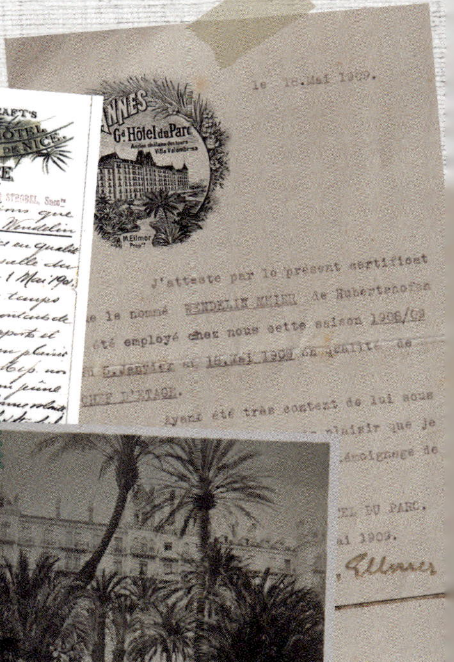
CANNES
Gd Hôtel du Parc

le 18.Mai 1909.

J'atteste par le présent certificat que le nommé WENDELIN MAIER de Hubertshofen a été employé chez nous cette saison 1908/09 du … au 16.Mai 1909 en qualité de CHEF D'ETAGE.

Ayant été très content de lui nous … plaisir que je … témoignage de …

…EL DU PARC.
…ai 1909.
Ellmer

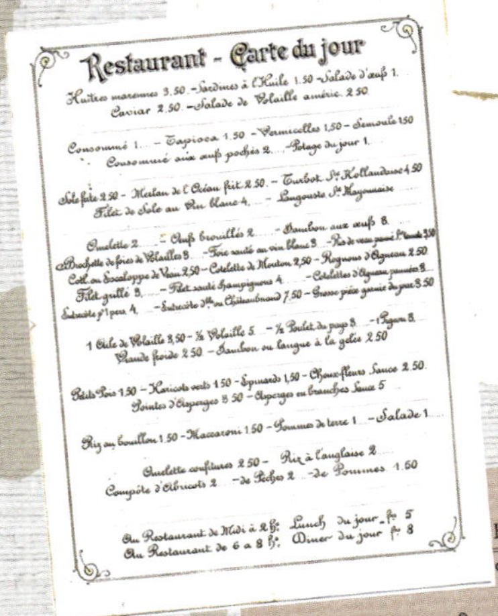
Restaurant - Carte du jour

Hors d'œuvres – Sardines à l'huile 1.50 – Salade d'œufs 1.
Caviar 2.50 – Salade de volaille américaine 2.50

Consommé 1. – Tapioca 1.50 – Vermicelles 1.50 – Semoule 1.50
Consommé aux œufs pochés 2. – Potage du jour 1.

Sole frite 2.50 – Merlan … 2.50 – Turbot s. Hollandaise 4.50
Filet de Sole au Vin blanc 4. – Langouste s. Mayonnaise

Omelette 2. – Œufs brouillés 2. – Jambon aux œufs 2.
…
Filet grillé 3. …
Entrecôte … 4. …

1 Aile de volaille 3.50 – ½ Volaille 5. – ½ Poulet du jour 3. – Pigeon 3.
Viande froide 2.50 – Jambon ou langue à la gelée 2.50

Petits Pois 1.50 – Haricots verts 1.50 – Epinards 1.50 – Choux-fleurs Sauce 2.50
Pointes d'Asperges 3.50 – Asperges en branches Sauce 5

Riz au bouillon 1.50 – Macaronis 1.50 – Pommes de terre 1. – Salade 1.

Omelette confiture 2.50 – Riz à l'anglaise 2.
Compote d'Abricots 2. – de Pêches 2. – de Pommes 1.50

Au Restaurant de Midi à 2 h. Lunch du jour fr 5
Au Restaurant de 6 à 8 h. Diner du jour fr 8

1906–09
Nizza & Cannes

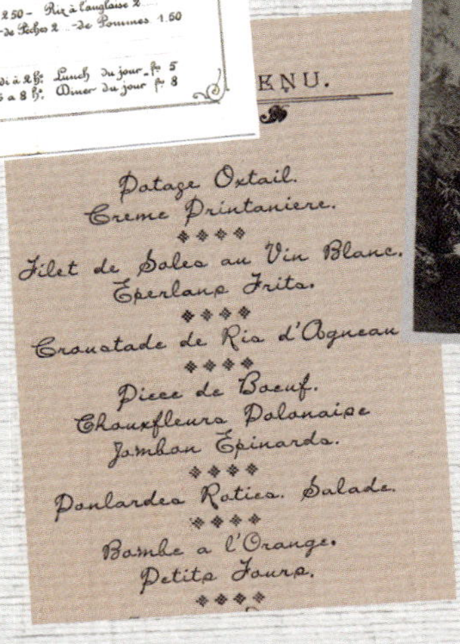
…ENU.

Potage Oxtail.
Creme Printaniere.
Filet de Soles au Vin Blanc.
Eperlans Frits.
Croustade de Ris d'Agneau
Piece de Boeuf.
Chouxfleurs Polonaise
Jambon Epinards.
Poulardes Roties. Salade.
Bombe a l'Orange.
Petits Fours.

Speisekarte
Grand Hotel
Nizza

Wendelin Maier hat längst den Duft der großen weiten Welt in der Nase. Die englischen Adligen scheinen ihn besonders zu faszinieren. Das Vereinigte Königreich umspannt die ganze Welt. Also sucht er in den Hotelzeitungen Luxushäuser in England und findet das Bath-Hotel im ostenglischen Felixstowe, dort bekommt er eine Stelle als »Chef de Rang«.
An den neuen Pier im Hafen landen die großen Luxusliner an. Sie stehen für den Fortschritt. Midland Railway oder Hapag Loyod, alles, was Rang und Namen hat, macht in Felixstowe fest. Wendelin heuert als Steward an und schippert schon bald über das Mittelmeer und landet schließlich im Stephard`s Hotel in Kairo.

In Moos erzählt er Jahre später in einer Rede von dem großen Vorhaben, den Orient-Express von Paris nach Bagdad weiterzuführen. »Die hatten große Visionen von der Missionierung Afrikas, unter anderem die Zugverbindung von Bagdad bis Johannesburg. Dort sollte ich den Chefservice leiten. Leider kam dann der Erste Weltkrieg dazwischen. Da war bei der Königlichen Bahngesellschaft kein Platz mehr für einen Schwarzwälder wie mich. Deshalb kehrte ich nach Deutschland zurück.«

Wendelin mit Kollegen auf der Automesse in Liverpool

Sophie Baum –
später Ehefrau von
Wendelin

»... eine Ohrfeige, die mich allerdings nicht einschüchterte, sondern zu neuen Attacken beflügelte.«

Aussage von Wendelin

Neustart von Wendelin Maier im Grünen Baum

Sophie Baum war noch nie aus Moos herausgekommen. Bis Radolfzell sicher, vielleicht auch mal bis nach Hüfingen, zu ihren Großeltern. 1919 ist sie 29 Jahre alt. Sie ist eine stattliche Frau geworden, hübsch anzusehen, aber für die damaligen Verhältnisse als Frau vielen Männern viel zu selbstsicher.

Der junge Schwarzwälder Wendelin Maier fürchtet sich offensichtlich nicht vor starken Frauen. Er hat Sophie von Anfang an mit seinen faszinierenden Abenteuern aus einer für sie so unbekannten Welt imponiert. Der Mann verströmt eine Weltläufigkeit und Zuversicht und der Kerl hat einen Dickkopf, dem sie nicht widerstehen kann.

Er selbst steckt die Ohrfeige der resoluten Wirtstochter souverän weg und erklärt später: »Meine Annäherungsversuche erwiderte Sophie zunächst mit einer Ohrfeige, die mich allerdings nicht einschüchterte, sondern zu neuen Attacken beflügelte.«

Nach dem Ersten Weltkrieg herrscht in Deutschland große Not. In fast jedem Haus hängen Bilder junger Männer in Uniform, die nicht mehr aus dem Krieg zurückkehren. Die Söhne, die das Hotel oder Gasthaus übernehmen sollten, sind tot. Viele Besitzer suchen einen Käufer, um mit dem Geld ihren Lebensabend zu bestreiten.

Wendelin Maier hatte in seinen Jahren im Ausland sein Geld gespart. In Deutschland zurück, wird er wird sofort zur Kaiserlichen Armee eingezogen. Als Soldat braucht er keinen Groschen. Doch schneller als befürchtet war der Einsatz an der unsäglichen Front beendet. Er hatte Glück im Unglück: Bevor er das massenweise Sterben erleben muss, reißt ihm ein Granatsplitter den rechten Zeigefinger ab, damit war er kriegsuntauglich und wurde freigestellt.

Den elterlichen Adler in Hubertshofen hatten seine Geschwister übernommen, das ist Wendelin Maier nur recht, er ist jetzt »Internationaler Großkellner« und will eine adäquate Stelle. Als Schwarzwälder sagt ihm die Region am Bodensee zu und in Konstanz findet er im Hotel Deutsches Haus, dem damals ersten Hotel am Platz, eine ihm angemessene Anstellung als Oberkellner.

Doch was will er mit seinem Bargeld anstellen? Als hätte er die bald ausbrechende Inflation gerochen, kauft er in Radolfzell das Hotel Sonne-Post, freut sich über seine Kapitalanlage und marschiert gut gelaunt über den zugefrorenen Untersee nach Moos.
An diesem Abend entscheidet sich mit der Ohrfeige von Sophie das Leben des Wendelin Maier, natürlich ihres und vor allem die Zukunft des Grünen Baums grundsätzlich. Kein Jahr später heiraten die beiden, zehn Monate später wird im Grünen Baum ein neuer Stammhalter, Franz Maier, geboren.
Jetzt muss Franz Baum als Schwiegervater Farbe bekennen. Die Gegensätze zu seinem Schwiegersohn können wohl kaum krasser sein. Doch nach dem Verlust seines Sohnes Wilhelm will er nun nicht auch noch seine Tochter Sophie verlieren. Pirmin hat sich für den Weinhandel entschieden, und Julia traut er die Führung des Grünen Baums wohl nicht zu.
Kurz nach der Hochzeit übergibt Franz Baum, 47 Jahre nach der Gründung des Grünen Baums, die Dorfgaststätte, die er zu einem Landgasthof geführt hat, an Wendelin Maier als Pächter.
Stolz zieht der neue Grüner Baum-Wirt Jahre später Bilanz: »Im Frühjahr 1919 heirateten wir. Im Februar 1920 bekam ich von meinem Schwiegervater Franz Baum den Grünen Baum und vom Landratsamt die Konzession.«

Ein Bier für 320 Milliarden Mark – oder ein Ei

Noch sind die Kriegsfolgen gravierend und Grundnahrungsmittel knapp. Deutschland hat den Krieg verloren, die bis vor Kurzem noch blühende Wirtschaft liegt am Boden, bald macht eine galoppierende Inflation jede kaufmännische Planung unmöglich. Da sind die kleinen Bauern auf der Höri als Eigenversorger noch gut dran. Die Männer aus Moos treffen sich nach wie vor im Grünen Baum und beraten über ihre ungewisse Zukunft.

1919: *Hochzeit und direkt danach die Konzession*

Die Hyperinflation 1923 lässt die Lebensmittelpreise in astronomische Höhen schießen. Ein Ei kostet jetzt 320 Milliarden Mark. Ein Bier noch mehr. Wendelin Maier übernimmt die Gepflogenheit der Tauschgeschäfte seines Schwiegervaters. Die Bauern bringen ihm ihre Ernte, er tauscht sie bereitwillig ein. Die Inflation kann ihnen so in ihrer Stammwirtschaft den Buckel runterrutschen, prosten sie sich zu.

Ab November 1923 gilt eine neue Währung. Die Wirtschaft erholt sich schnell, die Menschen werden wieder zahlungsfähig. Wendelin Maier hat durch den Kauf der Sonne-Post sein Geld sicher durch die Krise gelotst. Er hat das gute Porzellangeschirr und die Rot- und Weißweingläser nach Moos geschafft, sowie die feinen, weißen Leinentischdecken und Stoffservietten. Damit verwandelt er in einem ersten Schritt den Grünen Baum zu einem Restaurant nach seinen Ansprüchen.

Mit Sophie in der Küche und Marie, dem ehemaligen Mündel, das er von Franz übernommen hat, schreibt Wendelin Maier eine Speisekarte nach seinem Geschmack. Die »Goldenen 20er-Jahre« beginnen. Frankreich hat den Krieg gewonnen und statt preußischer Traditionen ist jetzt französisches Laissez-faire angesagt. Das ist die Welt, die Wendelin Maier kennt und schätzt. Er spielt im Restaurant den zuvorkommenden Maître. Die Industriellen der Firmen Schiesser aus Radolfzell, Fahr aus Gottmadingen oder der Aluminiumwerke Singen kommen nicht mehr in Pferdekutschen, sondern mit ihren ersten, neuen Benzinkutschen vorgefahren. Auf der Speisekarte stehen jetzt Bœuf Bourguignon, Coq au Vin oder auch eine Bouillabaisse.

Auf Messers Schneide

Nach dem Ersten Weltkrieg und der Hyperinflation scheint über dem Grünen Baum die Sonne wieder freundlich zu scheinen, doch da ziehen auch schon erneut dunkle Wolken auf. Sophie Maier ist zum zweiten Mal schwanger, die Wehen setzen ein, sie gebiert eine Tochter. Rosel wird sie heißen, doch Sophie Maier stirbt, wie damals noch viele Mütter, im sogenannten Kindsbett.

Wendelin Maier steht über Nacht mit seinen zwei kleinen Kindern allein da. Für Sophie hatte er seine Pläne, in Radolfzell das Hotel Sonne-Post zu übernehmen, verworfen. Jetzt könnte er den Schritt wagen. Vielleicht kann er in einer anderen Stadt ihren Verlust schneller überwinden? Nochmals steht seine Entscheidung, den Grünen Baum weiterzuführen, auf Messers Schneide. Das Gasthaus gehört noch immer seinem Schwiegervater. Sicher war auch Franz Baum nach dem Verlust seines Sohnes Wilhelm, und nun auch noch nach dem Tod seiner Tochter Sophie, nicht mehr der schaffensfrohe Visionär. Aber Sophie hatte ihm zwei Enkelkinder hinterlassen, vermutlich will er sie nicht auch noch verlieren. In der Not stehen die beiden Männer zusammen wie noch nie. Wobei Wendelin Maier auch im Ort längst als ein überaus ehrenwerter Mann gilt. Dank seiner Kindheit und Jugend in dem kleinen Schwarzwaldort Hubertshofen kennt er das Dorfleben und zeigt ein großes Einfühlungsvermögen gegenüber seinen Mitmenschen im Ort, das wird ihm nun zurückgezahlt.

Das ehemalige Mündel Marie Böhler hat in der Zwischenzeit geheiratet, sie heißt jetzt Marie Bölli. Sie ist mit ihrem Mann in das alte Steinhaus hinter dem Grünen Baum gezogen. Schon Franz Baum hatte es für Knechte und Mägde hergerichtet. Ihre Stelle in der Küche des Grünen Baums hatte sie behalten. Jetzt wird sie auch noch zur mütterlichen Stütze für Wendeln Maier, der die beiden Kleinkinder zu versorgen hat.

Wendelin entscheidet sich, im G-ünen Baum zu bleiben!

Mutterlose Kinder Rosel und Franz

Wendelin – alleinerziehender Vater

CHATEAUBRIAND

Das Chateaubriand, ein doppeltes Rinderfilet, ist ein alter Klassiker, der auf den meisten französischen Speisekarten zu finden ist. In verschiedenen Garstufen wird es vom Kellner am Tisch aufgeschnitten und mit Pommes Dauphin (siehe Seite 69) und Sauce Béarnaise (siehe Seite 65) serviert.

ZUTATEN FÜR 2 PERSONEN

- *500 g Rinderfilet, Herzstück*
- *Rosmarinzweig*
- *Höri-Salz*
- *Pfeffer*

ZUBEREITUNG

Das Rinderfilet je nach Größe etwas plattdrücken oder bei kleineren Filets einfach rund lassen.
Das Fleisch salzen und pfeffern und von allen Seiten gut anbraten.
Dann im Ofen bei 65 °C bis zu 40 Minuten ziehen lassen.
Da die Garzeit je nach Fleischqualität und Dicke sehr unterschiedlich ist, immer wieder die Kerntemperatur überprüfen. Diese sollte 55 °C nicht überschreiten. Wer keinen Kerntemperaturmesser zur Stelle hat, nehme eine Metallnadel, steche diese in die Mitte des Fleisches, lässt sie dort 30 Sekunden ruhen, zieht sie dann heraus, hält sie an die Lippen und nimmt die Körpertemperatur als neuen Richtwert für die empfundene Wärme oder Hitze der Nadel.
Dann das Chateau kurz vor dem servieren nochmals scharf in einer heißen Pfanne anbraten.
Rosa gebraten servieren.

DIE WEISHEIT MIT DEM LÖFFEL …

Die wichtigsten Garstufen bei Steaks:
Blutig bzw. bleu (frz.) bzw. rare (engl.): Das Fleisch ist noch blau und höchstens lauwarm, um die 50 °C.
Englisch bzw. saignant (frz.) bzw. medium rare (engl.): Das Fleisch ist rötlich, um die 55 °C Kerntemperatur.
Rosa bzw. à point (frz.) bzw. medium (engl.): Das Fleisch ist rosa, um die 60 °C.
Durch bzw. bien cuit (frz.) bzw. well done (engl.) Das Fleisch ist durchgebraten und fast grau, um die 68 °C.

SAUCE BÉARNAISE

Mixstab und Thermomix lassen heute die aufwendige Art des Aufschlagens einer Sauce Béarnaise überflüssig werden. Franz Baum und Wendelin Maier mühten sich da noch mehr; sie mussten den Eischaum »zur Rose abziehen«, das heißt, solange im Wasserbad schlagen, bis sie leicht sämig wird. Schöpft man dann mit dem Rücken eines Löffels etwas Soße ab und bläst leicht auf den Löffelrücken, bilden sich durch den Atem kleine Wellen zur Rose, dann hat die Soße die richtige Konsistenz.

ZUBEREITUNG

Die Butter klären: Hierfür die Butter in einem Topf so lange kochen, bis sich die Molke absetzt. Dann die flüssige Butter durch ein Spitzsieb passieren. Beiseite stellen.

Das Eigelb zusammen mit der Gewürzreduktion in eine Schüssel geben.

Im circa 85 °C warmem Wasserbad mit einem Schneebesen in Form einer 8 schaumig schlagen: Beim 8-Schlagen nutzt man die ganze Schüssel aus. Stellt man sich die runde Schüssel als Ziffernblatt 1 Uhr vor, fängt man bei 1 Uhr an, schlägt nach 7 zu 5 und dann zu 11 Uhr und zurück nach ein Uhr. Diese Bewegung unter Drehen der Schüssel so lange wiederholen, bis die Masse zur Rose abgezogen werden kann.

Die geklärte Butter bei circa 55 °C langsam unter die Eigelbmasse rühren.

Kalbsjus mit Estragonblättern, Petersilie und Kerbel aufkochen und zur Eigelbmasse dazugeben.

Mit Salz, Pfeffer und einem Schuss Essig nachwürzen.

Bei circa 55 °C bis 60 °C servieren.

ZUTATEN FÜR 4 PERSONEN (1/5 LITER)

- *½ kg Butter*
- *2 Eigelbe*
- *6 cl Gewürzreduktion (siehe Seite 54) mit Estragon, Kerbel und Petersilie*
- *1 dl Kalbsjus oder Bratensauce*
- *1 gehäuften EL Estragonblätter*
- *1 gehäuften EL Petersilie*
- *1 gehäuften EL Kerbel*
- *Weißweinessig*
- *Höri-Salz*
- *Pfeffer*

DIE WEISHEIT MIT DEM LÖFFEL …
***Sauce Béarnaise** passt perfekt zu rosa gebratenem Fleisch wie Rinderfilet, Chateaubriand (siehe Seite 64), Kalbsrücken oder Lammkotelett.*

Herrschaftshaus Baum
Prächtiger, schattiger Biergarten
Gasthaus & Poststelle
Kuh-, Schweine-, Pferdestall und Scheune
Edler Schlitten
Küferei & Weinhandel
Marie Bölli schaut zum Zeppelin

Miste
Fuhrwerk
Dorfschönheit

FENCHELGEMÜSE

ZUTATEN FÜR 4 PERSONEN

- *2 große Fenchelknollen mit Stiel*
- *Butter*
- *1 Höri-Bülle, in Würfel geschnitten*
- *100 ml Weißwein*
- *100 g Felsbrocken von der Hofkäserei Heggelbach oder Gryer, gerieben*
- *Fenchelsamen*
- *Höri-Salz*
- *Pfeffer*

ZUBEREITUNG

Die Stängel der Fenchelknollen wegschneiden und die Knollen in Viertel schneiden.
Den Docht bis zum Ansatz entfernen, so dass die einzelnen Schichten noch zusammengehalten werden.
Eine Kasserolle mit Butter ausstreichen.
Die Höri-Bülle in der Kasserolle verteilen.
Die Fenchelviertel auf das Bülle-Bett legen.
Das Ganze salzen und pfeffern, mit Wein und etwa gleich viel Wasser übergießen, so dass die Fenchelviertel zu einem Viertel bedeckt sind.
Die Kasserolle, mit Alufolie zugedeckt, in den Ofen schieben, bei 180 °C 20 Minuten garen.
Anschließend aus dem Ofen herausnehmen und mit dem Käse bestreuen.
Unabgedeckt noch einmal 8–10 Minuten im Ofen überbacken.

POMMES DAUPHIN

ZUTATEN FÜR 4 PERSONEN

- *300 g mehlige Kartoffeln*
- *120 ml Wasser*
- *30 g Butter*
- *75 g Mehl*
- *2 Eier*
- *Muskatnuss*
- *½ l Backfett*
- *Salz*

ZUBEREITUNG

Kartoffeln ungeschält circa ½ Stunde weichkochen.

Für den Brandteig Wasser, Salz und Butter zum Kochen bringen.

Mehl einrühren, so dass sich ein fester Teig ergibt.

Diesen Teig dann auf dem Herd bei mittlerer Hitze mit einem Holzlöffel ständig vom Topfboden lösen, fast brennen, daher der Name Brandteig. Der Teig sollte jedoch nicht bräunen.

Sobald er sich komplett vom Topfboden trennt, beiseite stellen.

Nach kurzem Erkalten die Eier nacheinander darunterrühren.

Die gekochten Kartoffeln pellen und durch ein Sieb (Flotte Lotte) drücken.

100 g des Brandteigs unter die Kartoffeln mengen.

Mit Salz und Muskatnuss abschmecken.

Mit einem Kaffeelöffel Nockerln in 180 °C heißes Fett anstechen.

Ausbacken, bis die Nockerln oben schwimmen und gut gebacken sind.

DIE WEISHEIT MIT DEM LÖFFEL …

Aus Brandteig werden auch Windbeutel gemacht, wofür man den Rest des Teiges, der nicht für die ***Dauphin*** *benötig wird, verwenden kann.*
Dazu mit dem Spritzbeutel durch eine Lochtülle 2 Zentimeter große Tropfen auf ein Backblech spritzen.
Bei 180 °C im Ofen 10–12 Minuten backen. Erkalten lassen und mit Sahne oder Vanillepudding füllen.
So wie sie Wendelin Maier auf seinen Etageren serviert hat.

SELLERIE IN DER SALZKRUSTE

ZUTATEN FÜR 4 PERSONEN

- *4 kleine Sellerieknollen*
- *etwas Rapsöl*
- *1 Handvoll grobkörniges Meersalz*

DIE WEISHEIT MIT DEM LÖFFEL ...
*Den **Sellerie** als Gemüsebeilage zu Fleisch, Fisch oder Linsen servieren.*

ZUBEREITUNG

Den Sellerie gut waschen, die Wurzeln unten abschneiden.
Auf ein Backblech stellen und mit Rapsöl bestreichen.
Mit Meersalz gut einreiben, so dass etwas Salz am Sellerie hängen bleibt.
Den Backblechboden mit Wasser befeuchten.
Im Ofen bei 180 °C 45 Minuten garen.
Gartest mit einer Gabel oder einem Metallspieß durchführen: Spieß in die Knolle einstechen, kurz darin ruhen lassen und wieder herausziehen. Wenn kein Widerstand beim Herausziehen zu spüren ist, oder die Gabel beim Berühren mit den Lippen leicht warm ist, ist der Sellerie gar.

SALAT VON DER ALBLEISA

Die Albleisa galt eigentlich schon als ausgestorben, bis sie in der Petersburger Samenbank als lentille d'alb (Alblinse) wiederendeckt wurde. Als Albleisa wurde sie dann zur selben Zeit wie die Höri-Bülle in die Arche des Geschmacks der Slowfoodstiftung aufgenommen.

ZUTATEN FÜR 4 PERSONEN

- *200 g Albleisa*
- *2 Höri-Büllen, in feine Würfel geschnitten*
- *1 Karotte, in feine Würfel geschnitten*
- *100 ml Verjus*
- *100 ml kaltgepresstes Rapsöl*
- *1 Messerspitze Chilimus*
- *Rucola*
- *Kresse*
- *Ackersalat*
- *Höri-Salz*
- *Pfeffer*

ZUBEREITUNG

Linsen etwa 3 Stunden in Wasser einweichen.
Höri-Bülle und Karotte in einer Pfanne mit etwas Rapsöl anschwitzen.
Von den Linsen das Wasser abgießen.
Die Linsen zu Höri-Büllen und Karotte geben und weiter dünsten.
Etwas Wasser einspritzen.
Gartest: Die Linsen sollten noch bissfest sein, aber nicht hart.
Ansonsten noch ein paar Spritzer Wasser nachgeben und kurz weiter dünsten.
Beiseite stellen, mit Verjus, Öl, Chilimus, Salz und Pfeffer anmachen.
Mit etwas Rucola, Kresse und Ackersalat garnieren.

DIE WEISHEIT MIT DEM LÖFFEL ...
*Die **Albleisa** braucht nur eine sehr kurze Einweichzeit (3 Stunden) und wird nicht gekocht, sondern einfach kurz gedünstet.*

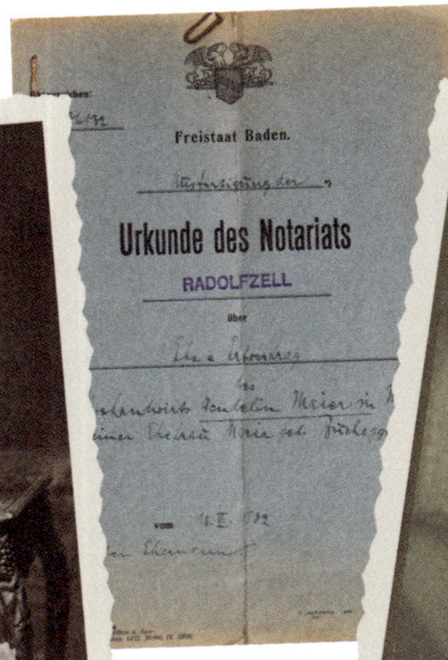

Freistaat Baden.

Urkunde des Notariats

RADOLFZELL

über

vom

1932: Ehevertrag mit Maria Buchegger

3. GENERATION

1932

WENDELIN MAIER EINE NEUE LIEBE UND NEUANFANG

Wendelin Maier flüchtet sich nach dem Tod seiner Sophie in seiner Trauer in die Arbeit als Grüner Baum-Wirt. Auf der einen Seite ist das Dorfgasthaus noch immer der Treff der Bauern und Markthändler am Stammtisch. Zusätzlich werden viele Familienfeiern wie Hochzeiten oder Beerdigungen im Grünen Baum gefeiert. Dafür kochen die Frauen um Marie Bölli in der Küche dann Gulasch- und Flädlesuppe, Siedfleisch mit Meerrettich und Leberknödel, Nierenrollbraten oder Schmorbraten. Einfache Nachtische mit Pudding und frischem Obst je nach Ernte werden traditionell serviert.
Aber Wendelin Maier versucht immer wieder, den Mooser Gästen nebenbei französische Spezialitäten schmackhaft zu machen. Am Aschermittwoch sieht er so eine Chance und serviert provenzalisch in Weißweinsoße gekochte Schnecken. Wie er es in Cannes gesehen hat, stellt er die gedeckelten Frühjahrs-Schnecken, frisch gekocht in einem Topf auf den Tisch. Er zeigt den Gästen, wie man die Schnecken aus dem Gehäuse bricht und mit Büllesalat verzehrt. Ebenso serviert er Froschschenkel, die Frösche müssen ihm die Bauernjungen in den Gräben rund um Moos fangen. Sie gehen »froschen«, so heißt der damals noch unbedarfte, jugendliche Nebenerwerb.

Noch immer spuken dem »Großkellner« aus Hubertshofen seine Vorstellungen eines Restaurants wie in Frankreich erlebt, durch den Kopf. Jetzt ist es die richtige Zeit, mag er sich Mitte der 20er-Jahre denken. Die deutschen Bürger in den Städten blicken gen Westen und kopieren die amerikanische und französische Lebensart. Französische Kunst, Kultur und vor allem die französische Kulinarik ist en vogue.

Mit seinem Vorhaben ist Wendelin Maier immer öfter in der Küche zu sehen. Er weist Marie Bölli tiefer und tiefer in die Raffinesse der französischen Kochkunst ein. Meeresfrüchte und Lachs, Roastbeef und Kaviar stehen schon bald, wie in den besten Restaurants in den Großstädten, auch auf der Speisekarte in Moos.

Dem Stammtisch serviert er »Russische Eier«, eines der gerade aufkommenden, neuen Gerichte. Cremig verführt er die Skeptiker mit selbstgemachter Mayonnaise auf den halbierten Eiern, gekrönt mit Sardellenringen und Kaviar. Günstig kalkuliert, verwendet er natürlich nicht den teuren Kaviar des Störs, sondern der Bodensee-Felchen, mit dem Marie Bölli bis dahin wohl wenig anzufangen weiß.

Kleine Sandwiches mit Nüssen, Feigen und Sardinen serviert Wendelin Maier auf einer Etagere, zum Dessert gibt es selbstgemachte Windbeutel, Schokoladeneis und Cranberry-Mousse.

Wendelin hat nie gelernt, die Speisen selbst anzurichten, oder gar zu kochen. Aber er weiß, wie die Gerichte schmecken müssen und vor allem, wie die Teller, die er im Restaurant serviert, auszusehen haben.

Schon bald reicht der Ruf des nun für damalige Verhältnisse populär ausgerichteten Restaurants Grüner Baum bis weit über die lokalen Grenzen. Die neuen Benzinkutschen sind jetzt prächtige Automobile. Die Männer steigen in Knickerbocker aus ihrem Opel Laubfrosch oder Mercedes 6/25 mit satten 38 PS. Die Frauen tragen Marlenehosen und auffallende Design-Hüte oder bunte Schleifen im Haar.

Tanksäule vor dem Sonnengarten

Franz Baum ist wieder ganz der Alte, er sieht die neuen Chancen der motorisierten Welt und stellt eine Benzinzapfsäule vor seinen Grünen Baum. In einem Werbeprospekt aus der Zeit zeigt er Moos im Mittelpunkt des neuen Straßennetzes, die Verbindungsstraßen führen bis München, Zürich und Stuttgart.

Auch Wendelin Maier ist wieder obenauf. Er kann wieder lachen. Er hat es geschafft. Selbst beste Stammgäste aus dem feinen Hotel Deutsches Haus aus Konstanz kommen jetzt zu ihm auf die Höri gefahren. Sein Grüner Baum zählt nun zu den feinsten Restaurants am Bodensee. Der Gastraum scheint manchmal zweigeteilt. Am alten Eichenholztisch sitzen die einheimischen Bauern am Sonntagmorgen zum Frühschoppen neben dem Kachelofen an ihrem Stammplatz. Gleichzeitig werden zum Mittagstisch die Tische entlang der hellen Fenster mit weißen Leinentüchern und noblem Porzellangeschirr eingedeckt. Ein Sonntags-Menü bei Wendelin Maier verspricht das Flair der weiten Gourmetwelt. Heute würde man sagen Fine Dining.

FISCHFOND

ZUTATEN FÜR 3 LITER

- *1 Sellerieknolle*
- *1 Fenchelknolle*
- *1 Lauchstange*
- *4 Karotten*
- *3 weiße Zwiebeln, geschält*
- *5 Knoblauchzehen*
- *Sonnenblumenöl*
- *ca. 3 kg Fischkarkassen (z. B. Hecht, Kretzer und Barbe)*
- *3 Lorbeerblätter*
- *3 Sternanis*
- *2 Nelken*
- *4 Wacholderbeeren, angedrückt*
- *Kräuter (z. B. Petersilien, Dill, Liebstöckel)*

ZUBEREITUNG

Das Gemüse gut waschen, muss nicht geschält sein, und in Würfel schneiden.
Das geschnittene Gemüse mit Knoblauch in Sonnenblumenöl anrösten.
Mit circa 3 l Wasser auffüllen und köcheln lassen.
Die Fischkarkassen unter fliesend kaltem Wasser abspülen und in grobe Stück schneiden. In den Sud geben und ½ Stunde köcheln lassen.
Aufsteigenden Eiweißschaum immer wieder abschöpfen.
Die Gewürze und Kräuter dazugeben und bei schwacher Hitze etwa ½ Stunde weiterkochen.
Den Sud durch ein feines Haarsieb oder Passiertuch passieren und mit Höri-Salz nachwürzen. Fertig.

DIE WEISHEIT MIT DEM LÖFFEL ...
Fischfond *ist ein Sud aus Fischkarkassen, Kräutern und Wurzelgemüse. Der Fischfond kann eingefroren oder sterilisiert bis zu einem Jahr lang als Garant für eine erfolgreiche Kochkunst gelagert werden.*

BLITZ-ROUILLE

Die klassische Mayonnaise erfordert viel Fingerspitzengefühl. Muss doch Öl tropfenwiese in das Eigelb gerührt werden. Temperatur, Technik und Geschwindigkeit des Rührens, selbst die Mondphasen müssen genauestens aufeinander abgestimmt sein. Lehrbuben und Lehrmädchen haben ihre Mühe damit, diesem Mythos entgegenzuwirken.
Dank des Mixstabs ist es heute ein Leichtes, eine Mayonnaise schnell hochzuziehen.

ZUBEREITUNG

In den Mixbecher ein Ei aufschlagen, Senf, Chili, Knoblauch und Verjus hinzufügen.
Das Öl darauf geben, sodass die übrigen Zutaten nicht aufgewirbelt werden.
Mit dem Mixtab von unten im Becher langsam anmixen.
Sobald eine Bindung erkenntlich ist, die Geschwindigkeit erhöhen und den Mixstab langsam nach oben ziehen, bis alles zu einer geschmeidigen Creme geworden ist.
Falls die Creme zu fest ist, einen Spritzer Wasser nachgeben.
Mit Höri-Salz und Pfeffer würzen.

ZUTATEN FÜR 1/2 LITER

- *1 Ei*
- *1 EL Dijon-Senf*
- *1–2 Chilischoten (je nach Schärfe), feingehackt, ohne Kerne*
- *5–8 Knoblauchzehen, feingehackt*
- *40 ml Verjus oder milder Essig*
- *400 ml Sonnenblumenöl*
- *Höri-Salz*
- *Pfeffer*

DIE WEISHEIT MIT DEM LÖFFEL …
Verjus *ist ein Saft aus frühgeernteten unreifen Äpfeln oder Trauben und die regionale Alternative zu Zitronensaft.*
Höri-Salz *ist in Meersalz getrocknete Höri-Bülle und im Grünen Baum-Lädele erhältlich.*

MOOSER FISCHTOPF

Die Gäste des Grünen Baums bezeichnen den Mooser Fischtopf gerne als Bodensee-Bouillabaise. Die Bouillabaise gilt als eines der großen Aushängeschilder der französischen Küche. Wendelin Maier war sie wohlbekannt aus den Grandrestaurants an der Côte d'Azur.
Im Unterschied zur Bouillabaise, die aus mindesten fünf verschiedenen Mittelmeerfischen und -krustentieren besteht, werden für den Mooser Fischtopf ausschließlich Bodenseefische und Flusskrebse verwendet.

ZUBEREITUNG

Flusskrebskarkassen mit einem Stößel kleinstoßen und in Erdnussöl anrösten.
Gut geröstet gibt man das Wurzelgemüse, kleingeschnitten (etwa Daumennagelgröße), Knoblauch und Chili dazu und röstet alles ebenfalls bei schwacher Hitze weiter mit an.
Nun noch die Gewürze außer Safran und Paprika dazugeben und kurz weiter anrösten.
Mit der Hälfte des Weins ablöschen, leicht köchelnd und reduzieren lassen, bis die Flüssigkeit verdunstet ist und das Fett sich absondert.
Mit 2 l Wasser auffüllen und die Fischkarkassen dazugeben.
Aufkochen und 1 Stunde weiterköcheln lassen.
Den restlichen Wein dazugeben, weiterköcheln lassen.
Grob mit Salz und Pfeffer abschmecken und durch ein Sieb passieren.
Nochmals aufkochen und mit Ricard, Safran und Paprika würzen.
Die Fischfilets in circa 60 Gramm große Stücke schneiden und in die Suppe geben.
Kurz aufkochen, ziehen lassen und servieren.

DIE WEISHEIT MIT DEM LÖFFEL ...
Serviert wird die Suppe mit Sauce Rouille (siehe Seite 75), Röstbrot und geriebenem Käse: Hierfür streicht man auf die mit Knoblauch eingeriebenen Röstbrotscheiben die Rouille, streut etwas Käse (z. B. Gryer oder Parmesan) darüber, tunkt es in die Suppe, löffelt sie aus und spült dann mit einem Bodenseewein nach. Dies führt zu einer wahren Geschmacksexplosion am Gaumen.

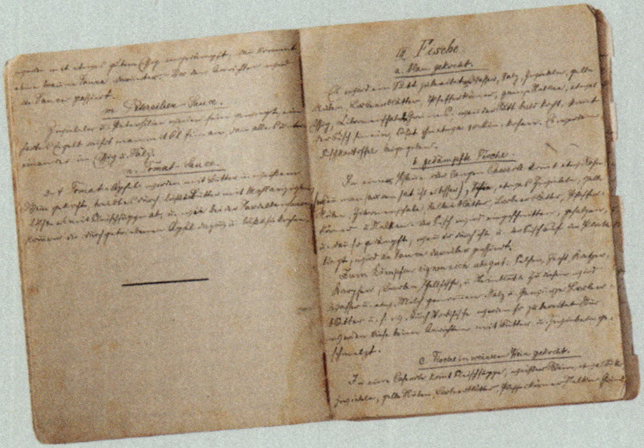

ZUTATEN FÜR 4 PERSONEN

- ½ kg Flusskrebskarkassen (z. B. Kamberkrebse aus dem Bodensee)
- 10 cl Erdnussöl
- 1 Karotte
- 1 Zwiebel
- ½ Lauch
- ¼ Sellerieknolle
- Knoblauch
- Lorbeer
- Sternanis
- 1 Nelke
- Wacholder
- ½ l Weißwein
- 1 kg Fischkarkassen (z. B. Barben, Karpfen, Hecht)
- 4 cl Ricard (französischer Anisschnaps)
- 3 g Safranfäden
- 1 EL Paprikapulver
- ½ Chilischote
- 1 kg Fischfilet, möglichst grätenfrei, teils mit Haut, teils ohne (5 Sorten vom Tagesfang, z. B. Hecht, Fellchen, Zander, Karpfen, Barbe)
- Salz
- Pfeffer

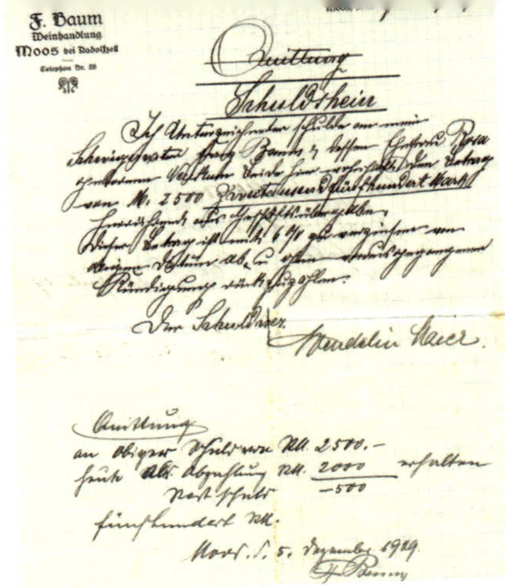
F. Baum
Weinhandlung
Moos bei Radolfzell
Telephon Nr. 26

Quittung
Schuldschein

Wendelin Maier

1926: *Schuldschein vom Schwiegervater*

Unter den Gästen sind nun auch öfters die Familien Riedlinger und Buchegger. Sie zählen als Mühlenbesitzer und Elektrizitätswerkbetreiber zum lokalen Adel. Die Tochter Maria Buchegger ist von den formvollendeten Manieren des Wendelin Maier offensichtlich angetan und dieser hat seinen Charme noch lange nicht verloren.
Wendelin Maier ist zwar mit seinen jetzt 42 Jahren sichtbar älter geworden. Seine schwarzen Haare haben schon die ersten grauen Strähnen und sind auch lichter geworden. Aber er weiß noch immer, Frauen zu gefallen und wohl auch zu umwerben.
Maria Buchegger hat sicherlich schon mehrere Heiratsanträge abgewehrt. Sie ist eine große, stattliche Erscheinung, doch zählt sie mit ihren 38 Jahren nun auch nicht mehr zu den Jüngsten. Auch sie hat sich lieber in der Welt umgesehen, als dass sie schon als junges Mädchen unter die Haube geschlüpft wäre. Sie führte als Hauswirtschafterin in vornehmen Häusern in Zürich den Haushalt.
Bald sieht man Maria Buchegger auch ohne ihre Familie öfter im Grünen Baum, im Herbst 1926 geben die beiden ihre Hochzeit bekannt.
Maria Buchegger unterstützt den gastronomischen Kurs ihres Mannes, auch sie möchte aus dem Landgasthaus ein feines Restaurant mit noblem Ruf formen. Sie bringt eine ansehnliche Aussteuer mit und Silberbesteck, das auch heute noch manchen Gästen im Grünen Baum vorgelegt wird.

Mit der Hochzeit endet die offizielle Ära Baum im Grünen Baum. Maria Buchegger, jetzt Maier, und Wendelin Maier, kaufen Franz Baum die Gaststätte ab und sind nun die neuen Grüner Baum-Besitzer. Die Kinder Franz und Rosa tragen das Baum-Erbe in sich weiter. Vor allem Rosa entpuppt sich immer deutlicher als emanzipiertes Mädel, wie es einst ihre Mutter Sophie war.

Rosel und Franz mit Stiefmutter Maria und Wendelin

Zwischen Landgasthof und Spitzenrestaurant

Vom Ende der Weimarer Republik bis zum Beginn der NS-Zeit ist eine der schmackhaftesten Perioden in der Geschichte des Grünen Baums. Maria und Wendelin Maier beweisen sich als ideales Wirtepaar. Sie beherrscht als Hauswirtschafterin eine gewinnbringende Kassenführung und weiß als Wirtstochter des Gasthauses Kranz in Bohlingen die Gäste gebührend zu behandeln. Er kümmert sich jetzt ausschließlich um die Speisekarte und Küche, führt nebenbei, wie zuvor sein Schwiegervater, die Post.
Die Tankstelle und den Nebenerwerb der Landwirtschaft stößt er ab. Wendelin ist jetzt

Sohn Franz (links) in der Kochlehre

ein Restaurantbesitzer, wie er es sich vermutlich schon in seiner Lehrzeit im Schützen in Donaueschingen gewünscht hatte. Angetan von seinem Erfolg und dem Lob der feinen Gäste aus den umliegenden Städten steigert er das Angebot an exotischen Gerichten und serviert noch »blutige« Chateaubriands mit Sauce Béarnaise und Dauphinkartoffeln.
Wer es sich leisten kann, lädt zu Familienfesten in den Grünen Baum ein. Dafür richtet Wendelin Maier im zweiten Stock den alten Festsaal nobel her. Zu den Familienfesten der Mooser serviert er etwas traditioneller gefüllte Kalbsbrust, Rinderrouladen oder Hechtklößchen.
Als Poststellenleiter hat Wendelin ein gutes Grundeinkommen, was ihm eine ruhige Art der Betriebsführung erlaubt. Die Poststelle ist zur Routine geworden und der Stammtisch läuft nebenbei. Jetzt sieht man ihn öfters mit dem Bürgermeister, Lehrer und dem Herrn Pfarrer Schach spielen und bald sitzt er im Gemeinderat.
Die Kinder, Franz und Rosel, arbeiten von Kindheit an in der Gastwirtschaft mit. Nach der Volksschule lernt Franz in den Gastrobetrieben der Kur- und Bad GmbH in Villingen den Beruf des Kochs, während Rosel in Radolfzell in die Hauswirtschaftsschule geht.

HÄPPCHEN ...
DIE HÖRI-SCHLACHT VON 1933

Das Baugerüst am Grünen Baum soll 1933 ausschließlich der Renovierung des Landgasthauses dienen. 1933 feiert der Grüne Baum sein 60-jähriges Bestehen, deshalb will Wendelin Maier die Fassade neu streichen lassen. Doch bevor der Wirt die Situation richtig erkennt, dienen Teile des Baugerüsts einigen seiner Gäste im Gasthaus als Knüppel und Prügel.
Martinitag ist seit dem Mittelalter der Zahltag für die Mägde und Knechte auf den Höfen. Der Martini-Markt in Zell ist immer ein Festtag und Jahrmarkt, zu dem die halbe Höri strömt. Auf dem Heimweg geht's Richtung Aachtal und Schienerberg am Grünen Baum vorbei. Zu einem letzten Schluck ist das Gasthaus schnell gut besetzt. Doch plötzlich wird es laut.
Volles Haus, dicke Luft, neuer Wein, ein Wort gibt das andere – dabei wird es immer noch lauter, plötzlich schlagen Fäuste zu. Eine wilde Schlägerei beginnt, jeder gegen jeden hat es den Anschein. Wer genau und warum? – Wer sich retten will, muss sich wehren. Stühle fliegen durch das Gasthaus, einige Gäste holen sich von dem Gerüst vor dem Haus Holzprügel und schlagen damit zu.
Im Polizeiprotokoll finden sich die Aussagen von Pirmin und Willi Bruttel. Sie kommen von außen hinzu, sie wollen in das Gasthaus hinein. Doch schon unter der Tür blutet der erste von ihnen aus der Nase, dem anderen ist sein Kittel schon auf der Außentreppe verrissen.
Dank der Poststelle hängt im Flur des Grünen Baums der Fernsprechapparat. Wendelin Maier verständigt die Polizei in Radolfzell, er sieht schon längst einen Teil seiner Inneneinrichtung demoliert. Auch die Polizei kann die Streithähne nur mit ihren Gummiknüppeln und Gewalt auseinanderhalten.
Grund des Streits: Eine verlorene Wette. Der Verlierer wollte nicht, wie abgemacht, seinen Kopf in das schwarze Ofenrohr stecken.

BÜLLE-VINAIGRETTE

ZUTATEN FÜR 4 PERSONEN

- *1 dl Rotweinessig oder Apfelessig*
- *1 dl kaltgepresstes Rapsöl*
- *½ dl Apfelsaft*
- *1 Höri-Bülle*
- *Höri-Salz*
- *Pfeffer*

ZUBEREITUNG

Rotweinessig, Rapsöl, Apfelsaft miteinander verrühren und mit Salz und Pfeffer abschmecken. Eventuell mit etwas Wasser die Säure reduzieren. Die Höri-Bülle in feine Würfel schneiden und darunter mengen.

DIE WEISHEIT MIT DEM LÖFFEL ...
*Am besten entfaltet die **Höri-Bülle**, eine besondere Zwiebelart der Halbinsel Höri, ihren Geschmack in Synergie mit Essig und Öl, so wie bei der **Bülle-Vinaigrette**, die man zu verschiedenen Salaten wie Wurstsalat oder Salat nach Art der Mooser Fischerfrau (siehe Seite 81) verwenden kann.*

SALAT NACH ART DER MOOSER FISCHERFRAU

ZUBEREITUNG

Felchenfilet mit Salz und Pfeffer würzen und gut von beiden Seiten anbraten.
Die grünen Blätter des Kopfsalats entfernen und waschen. Das gelbe Salatherz vierteln und den Docht so herausschneiden, dass ein kleiner Rest die Kopfsalatblätter zusammenhält.
Die grünen Blätter in mundgerechte Stücke rupfen, auf vier Tellern verteilen.
Die Salat- und Tomatenviertel auf die Teller verteilen und das Ei darüberstreuen.
Die gebratenen Felchenfilets lauwarm neben den Salat legen.
Die Bülle-Vinaigrette über allen Zutaten verteilen.

ZUTATEN FÜR 4 PERSONEN

- *4 Felchenfilet oder Rotaugen*
- *1 Kopfsalat (Herz)*
- *1 Tomaten, geviertelt*
- *2 gekochte Eier, kleingehackt*
- *Bülle-Vinaigrette (siehe Seite 80)*
- *Höri-Salz*
- *Pfeffer*

DIE WEISHEIT MIT DEM LÖFFEL ...

*Die **Höri-Bülle** wussten alle Generationen im Grünen Baum zu schätzen. Zum Vesper wie Handkäse mit Musik, Schwartenmagen, Wurstsalat oder zum Acker- und Kartoffelsalat darf und durfte sie nicht fehlen. In der Synergie mit Essig und Öl findet die Höri-Bülle ihre Königsdiziplin.*
Auguste Escoffier (siehe Seite 54) kannte zwar die Höri-Bülle nicht, wohl aber die besonders milde Würzkraft der roten Echalotte oder der bretonischen Roscoff. Zu Austern oder als Vinaigrette zu Artischocken gab er (Auguste Escoffier) ihnen eine besondere Bedeutung in seinem »Guide culinaire«.
Wendelin Maier kannte die Sauce Echalotte von den Hors Oeuvre-Büffets der Nobelhotels. Ihm war schnell klar – das geht mit der Höri-Bülle auch!

In den Irrungen der NS-Zeit

Zunächst ohne Einfluss auf die kleine Gemeinde Moos erobern im fernen Berlin die Nationalsozialisten um ihren Führer Adolf Hitler den Reichstag. Bald spürt auch Wendelin Maier die politischen Veränderungen und zieht sich aus dem Gemeinderat zurück. Die genauen Gründe finden sich nicht im Gemeindearchiv von Moos, sein Ausscheiden aber ist dokumentiert.

Natürlich passt das Denken der »Herrenmenschen« nicht zu dem weltgereisten Wendelin Maier, der noch immer in Frankreich und England viele Freunde hat. Zwar fällt er als Poststellenleiter auch nicht als Widerstandskämpfer auf, aber als sein Sohn Franz auch noch in den Krieg muss, verrät er dennoch seine ablehnende Haltung. Noch bestimmt im Grünen Baum auch der Schmerz des Verlustes von Wilhelm Baum die Erinnerung an das Ende des Ersten Weltkriegs.

Und auch der Zweite Weltkrieg schafft, wie in fast jeder Familie des kriegsführenden Deutschlands, erneute Trauer. Die tägliche Angst vor der Meldung, ihr Sohn sei im heldenhaften Kampf für Deutschland gefallen, sitzt tief. Und tatsächlich wiederholt sich das Schicksal, gerade mal 30 Jahre später in der Familie Baum-Maier, und der Erbe, Franz Maier, der den Grünen Baum übernehmen sollte, gilt als vermisst.

1953: *Suchanfrage zu Franz Maier – vermisst in Russland*

Nach 1945 Arbre Vert

Man darf es Wendelin Maier glauben, für ihn war der Einzug der französischen Truppen im Mai 1945 auf die Höri eine echte Befreiung. Endlich konnte er seine frankophilen Sympathien wieder zeigen. Auch für Moos selbst ist es ein Glück. Wendelin hisst am Ortseingang zu Moos die weiße Flagge. Er verhandelt mit den französischen Kommandanten. Eine kleine Abordnung der alliierten Armee nimmt in den Ort Moos ein, ohne einen Schuss abzugeben.

Bevor die Franzosen einrücken, soll der NSDAP-Ortsgruppenleiter bei dem Poststellenleiter Wendelin Maier noch vorgesprochen haben. Er will das Geld seines Ortsvereins von dem Post-Konto abheben. Maier zahlt ihm das Geld aus, schickt ihn weg und hat vermutlich anschließend alle Hinweise und Erinnerungen an die NS-Zeit vernichtet, bevor die Franzosen einrücken.

Sicherlich musste auch er zu Festtagen, wie dem 1. Mai, die Hakenkreuzfahne aus dem Fenster der amtlichen Poststelle hängen. Doch in keinem Archiv in Moos findet sich ein solches Bild und auch die Franzosen finden offensichtlich im Grünen Baum keine Hinweise auf NS-Aktivitäten von Wendelin Maier. Sie beschlagnahmen zunächst das Gasthaus und errichten hier ihre lokale Kommandantur.

Wendelin Maier ist in diesen Tagen gefragt wie nie zuvor. Der Grüne Baum wird zu einer Art inoffiziellen diplomatischen Botschaft für die Franzosen wie Hörianer. Die Franzosen greifen zunächst hart durch und wollen die verantwortlichen Nazis in der Region zur Rechenschaft ziehen. Die meisten Bürger dagegen versuchen einen sogenannten »Persilschein« zu ergattern, sie waren doch alle höchstens kleine Mitläufer.

Wendelin Maier vermittelt. Mit der Besatzungsmacht sind neue Zeiten eingekehrt. Die Franzosen bestimmen ihn wieder in den Gemeinderat und verbannen die ehemaligen NSDAP-Funktionäre aus dem Gremium. Ob Wendelin diese politische Rolle wirklich gefällt, darf bezweifelt werden. Er wartet auf eine Nachricht seines noch immer vermissten Sohnes Franz und flüchtet, wie nach dem Verlust seiner Frau Sophie, in die Küche. Hier darf er jetzt wieder den französischen Maître geben. Endlich kann er wieder französisch parlieren und er darf im Offizierskasino in Radolfzell einkaufen, wie in seinen besten Zeiten in Cannes oder Paris. Die Speisekarte ist für die Offiziere natürlich auf Französisch geschrieben. Zum Apero gibt es Pastis, dann Austern und Champagner, Cassoulet oder Blanquette stehen auf der Karte, zum Dessert eine französische Käseauswahl, dazu natürlich beste Rotweine und Weißweine sowieso. Not gibt es bei den französischen Offizieren keine. Arbre Vert ist der Geheimtipp für die Gourmets der französischen Offiziere in der Region.

Manche Mooser Bürger, erst recht natürlich die Nazis, sehen das Treiben im Grünen Baum mit Argwohn. Schließlich leiden in den ersten Monaten nach dem Krieg die meisten Deutschen echten Hunger. Vieles gibt es nur noch, wenn überhaupt, mit Essensmarken. Der Schwarzhandel blüht.

Die Alliierten sind an einem schnellen Wiederaufbau der deutschen Wirtschaft interessiert. Wendelin Maier schafft den Übergang aus der Besatzungszeit seines Grünen Baums zu einem Restaurant wie vor dem Krieg relativ schnell. Und mit der Währungsreform kommen auch schon wieder die ersten Gäste zu ihm nach Moos gefahren. Unter ihnen die Familie Neidhart aus Radolfzell.
Ihr Sohn, Gottfried Neidhart, ist Konditor und war bis 1948 in England in Gefangenschaft. Schon bevor er in den Krieg musste, hatte Rosel mit ihm geliebäugelt. Jetzt wird es ernst. Ihr Bruder Franz gilt noch immer als vermisst. Mit der zunehmenden Gästezahl wird die Arbeit in der Küche und im Service immer mehr. Die Geschichte von Rosel und Gottfried erinnert an das Kennenlernen ihrer Eltern Sophie und Wendelin. Auch sie hatte ihren Wendelin einst als Gast kennengelernt.

Kurze Zeit später wird der ehemalige Gast und heutige Konditor, Gottfried Neidhart, der vierte Grüner Baum-Wirt.

HÄPPCHEN …
DER REICHSSCHATZ VON MOOS

Es ist der 24. oder 25. April 1945. Die französischen Alliierten stehen mit ihren Panzern und der Artillerie schon in Überlingen am Ried. Sie schießen die ersten Salven Richtung Moos. Vermutlich hat Wendelin Maier schon alle NS-Utensilien in seinem Gasthaus vernichtet. Ein Freund der NSDAP war er nachgewiesenerweise nie. Da steht plötzlich der Ortsgruppenleiter in seiner SA-Uniform mit einer gezückten Pistole vor ihm. Er fordert das gesamte Geld, das auf das Konto der Postbank der Ortsgruppe der NSDAP eingezahlt worden war, zurück. »Ich beschlagnahme im Auftrag des Deutschen Reiches die Kasse!«, soll Wendelin Maier später schmunzelnd den SA-Mann zitieren.

Zunächst ist der besonders eifrige SA-Mann mit samt dem Geld wie vom Erdboden verschluckt. Erst Wochen später sieht man ihn wieder bestens gekleidet in zivilen Zwirn. »S' Fränzle« nennen ihn die Mooser jetzt wieder furchtlos. Im Grünen Baum ist er auch wieder zu sehen. Hin und wieder wird er am Stammtisch auf seine heroische Heldentat zur Rettung des »Reichsschatzes« angesprochen. Er selbst grinst meist nur breit, sagt aber kein Wort dazu und geht meist dank einiger Viertel Weins beschwingt nach Hause. – Was den Mooser Heimathistoriker Thomas Wieland schmunzelnd feststellen lässt: Über Fränzles Kehle und Durst kommt der Reichsschatz schließlich doch wieder zurück in den Grünen Baum.

HAUPTPERSONEN

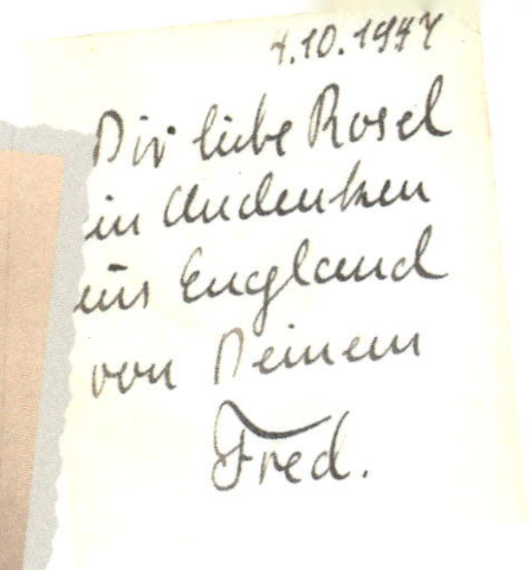

Grüße aus der Gefangenschaft

4. GENERATION

1949

GOTTFRIED NEIDHART
MACHT AUS DEM GRÜNEN BAUM EIN FERIENHOTEL

Bis 1946 besetzen die Franzosen den Grünen Baum. Zum Teil haben sie eigene Köche mitgebracht, die die Küche okkupieren. Wendelin Maier besorgt ihnen frisches Gemüse und andere Zutaten bei den Bauern im Ort, sie müssen einen Teil ihrer Ernte den Alliierten abgeben.

Rosel ist jetzt 23 Jahre alt und erzählt später: »Die Offiziere haben glänzende Feste gefeiert, während die gemeinen Soldaten wie auch die meisten Deutschen damals nicht genug zu essen hatten.«

Mit der Währungsreform im Juni 1948 beginnt im Grünen Baum endlich wieder ein geregelteres Gasthausleben, wie es sich jeder Wirt wünscht. So langsam kommen wieder Gäste, die gehört haben, im Grünen Baum gibt es unter der Hand beste, französische Weine. Wendelin Maier weiß, manch einen Grand Cru von den französischen Offizieren abzuzwacken.

Zu den Stammgästen gehörte schon vor dem Krieg die Familie Neidhart aus Radolfzell. Es hatte sich schon, bevor Sohn Gottfried in den Krieg musste, eine Freundschaft zwischen ihm und Rosel angebahnt. Jetzt hat er ihr aus der Gefangenschaft aus England seine Liebe gestanden und ihr die Ehe versprochen. Gottfried Neidhart ist gelernter Konditor und will mit Rosel in Radolfzell nach seiner Rückkehr ein Tagescafé eröffnen.

Endlich, Ende 1948. Täglich fährt der »Höri-Express« – ein zu einem Personenbus umfunktionierter, alter Reichswehr-Lkw – die Tour um die Höri-Halbinsel, die früher die Postkutsche fuhr. Erzählungen nach soll Gottfried in diesem »Höri-Express« nach Moos gekommen sein. Was für ein Fest! Rosel freut sich, bald in ein Radolfzell ein Tagescafé zu führen. Die Arbeit in der Küche des Grünen Baums will sie Marie Bölli überlassen. Doch sie wird alleine die Bestellungen kaum schaffen, weiß ihr Vater Wendelin. Vermutlich hat er längst im Stillen listig eine Lösung gefunden, die er vorerst noch für sich behält.

Wendelin will sich zunächst mit dem Tod seines Sohnes Franz nicht abfinden.

Wendelin mit Tochter Rosel

Abschiedsfoto von Gottfried Neidhart aus der englischen Gefangenschaft

Rosel wartet auf den Postbus

Noch immer melden sich vermisste Soldaten aus sowjetischer Gefangenschaft plötzlich wieder zurück. Deshalb schlägt er Gottfried vor, er solle im Grünen Baum eine Backstube eröffnen, bis Franz zurück sei. Das verdiente Geld solle ihm dann eine finanzielle Basis zur Eröffnung seines Cafés in Radolfzell bieten. Maier weiß Neidhart zu überreden, er stellt ihm einen modernen, elektrischen Backofen mit Gärschrank und zwei Backröhren von Neff aus Bretten in die Küche. Bald ist der Grüne Baum neben der Gastwirtschaft im Ort und Poststelle auch die Dorf-Bäckerei in Moos. Gottfried will den Krieg vergessen, er schaut optimistisch nach vorn. Er backt täglich frisches Brot für das ganze Dorf, am Wochenende Zopf und Obsttorten und vor allem Meringuen. Sie gibt es heute noch in einigen Desserts des Grünen Baums. Das geschlagene Eiweiß lässt Gottfried in der Restwärme seines neuen Backofens gehen beziehungsweise einfach trocknen. Gezuckerter Eischnee, was für ein verführerischer Luxus nach den mageren Kriegsjahren!

1949 ist die Republik neu gegründet, Adenauer ist der erste Bundeskanzler der Bundesrepublik und ein Mann mit dicker Zigarre wird bald als erfolgreicher Wirtschaftsminister gefeiert. Die Lebensmittelmarken sind abgeschafft, der Schwarzmarkt ist am Ende.

DINKEL-EMMER-BROT

Brot backen gehört seit eh und je zur Tradition im Grünen Baum. Das Mehl dazu stammt über die ersten vier Generationen von der Mühle in Bohlingen. Jede Generation hatte ihre eigene Vorliebe, ihr Brot zu backen. Weißbrot aus Weizen galt als Zeichen des Wohlstandes und nach den Kriegen als Zeichen für bessere Zeiten. Erst mit dem Gesundheitsbewusstsein der 80er- und 90er-Jahre wurde wieder vermehrt Dinkel und später Emmer verwendet. Die Mühle Bohlingen hat den Betrieb inzwischen eingestellt, Helmut Müller vom Demeter Bio-Hof in Kaltbrunn pflanzt und mahlt seither das Brotmehl für den Grünen Baum. Emmer, auch Zweikorn genannt, hat in der Region eine alte Tradition. Die Brauerei Falken in Schaffhausen braut Bier daraus.

ZUTATEN FÜR 2 LAIBE

- *¼ Hefewürfe*
- *1 l lauwarmes Wasser (zwischen 35 °C und 45 °C)*
- *1000 g Dinkelauszugsmehl*
- *600 g Emmerschrot*
- *1–2 EL Salz*

ZUBEREITUNG

Die Hefe in der Knetschüssel mit lauwarmem Wasser auflösen. Dinkelmehl und Emmerschrot dazugeben und kräftig durchkneten, bis sich der Teig von der Schüssel löst.
Salz erst dazugeben, nachdem sich ein Teig gebildet hat, denn wenn Hefe mit Salz direkt in Verbindung kommt, stirbt diese sofort ab.
Sollte der Teig zu fest oder zu flüssig sein, entsprechend noch etwas Wasser oder Mehl dazugeben.
Langes, kräftiges Kneten ist sehr wichtig. So entfaltet sich der Kleber im Mehl. Wie der Name schon andeutet, »klebt« er den Teig zusammen und sorgt für eine homogene Bindung. Je besser sich der Kleber entfaltetet hat, desto elastischer und kompakter wird der Teig.

In der Ruhe liegt die Kraft
Die geringe Menge Hefe erfordert mindestens 4 Stunden Gärzeit. Das Wohlfühlklima für Hefebakterien schafft man am besten bei Zimmertemperatur von 20–25 °C in einer zugedeckten Schüssel.

Das Formen der Laibe
Den Teig aus der Schüssel nehmen und kräftig durchkneten.
Den Teig in 4 gleichgroße Laibe à 700 g formen.
Die Laibe auf ein leicht mit Mehl bestäubtes Backblech setzen und 5–10 Minuten stehen lassen.

Das Backen im Ofen
Auch wenn man nicht im Besitz eines Stein- oder Holzofens ist, kann man gutes Brot backen. Man muss nur dieselben Bedingungen wie im Backhäuschen schaffen.
Den Elektro-Ofen auf 250 °C vorheizen.
Das Blech mit den 3 Brotlaiben einschieben.
Einen Guss Wasser auf den Ofenboden schütten und die Türe sofort schließen. Der entstehende Wasserdampf gibt dem Brot einen schönen Glanz und treibt es etwas in die Höhe.
Nach 25 Minuten die Temperatur auf 170 °C reduzieren und 30 Minuten weiterbacken, so entsteht die kräftige Kruste.

DIE WEISHEIT MIT DEM LÖFFEL ...

VORSICHT: SUCHTFAKTOR! *Der Duft frischgebackenen Brots zieht fast jeden Morgen durch die Gasträume des Grünen Baums. Angefangen hatte der gelernte Konditor Gottfried Neidhart gleich nach dem Zweiten Weltkrieg in der Küche Brot zu backen. Er backte auch noch zu den Wochenenden Hefezopf und Torten, doch diese Zeiten sind längst vorbei. Aber Brot backt sein Junior, Hubert Neidhart, auch heute noch fast täglich.*

In Sterne-Restaurants serviert der Küchenchef vorneweg seinen Gruß aus der Küche, französisch Amuse-Gueule genannt. Im Grünen Baum gibt es selbstgebackenes Brot! Keine aufgebackenen Baguette-Schnitten oder hellen Toast, sondern traditionelles Bauernbrot aus Emmerkorn!

Als Slow Food-Koch kann Hubert Neidhart zu den Vorzügen des Emmers Vorträge halten: »Der Gehalt des Klebereiweißes ist wesentlich größer, der Teig wird dadurch besser, man braucht weniger Mehl, das Brot bleibt feuchter und länger frisch.« Auch der Hinweis auf die Urweizenformen mag stimmen. Doch den meisten Gästen mag dies alles gleichgültig sein, wenn der Service das Emmer-Brotkörbchen auf den Tisch stellt. Die Gäste greifen zu, Stammgäste wissen, was sie erwartet. Schon der erste Bissen offenbart den besonderen Brotgeschmack. Dazu ist die Krume schön kross und knackig, der Teig bietet einen würzigen Geschmack. Etwas Butter darauf und schon greift man unwillkürlich zu der nächsten Brotscheibe. Aber Achtung, wer zu oft zugreift, wird schnell satt und gleich werden die bestellten Gerichte serviert. Doch das Emmerbrot im Grünen Baum beinhaltet knackige Suchtfaktoren.

MERINGUE

Nach dem Brotbacken herrschte in den Schamottesteinöfen noch genügend Wärme, um Meringue zu trockenen, und wenn es nicht reichte, wurde am nächsten Tag nach dem Brotbacken nochmal nachgetrocknet. Über die Brotbackzeit wurde die Meringue solange beiseite gestellt und danach wieder eingeschoben. Und dies so lange, bis sie endgültig trocken war.

ZUTATEN FÜR 20 STÜCK

- *200 g Eiweiß*
- *300 g Puderzucker*
- *1 Prise Salz*

Anfang der 60er stand »Eis im Schatten« auf der Karte

ZUBEREITUNG

Eiweiß mit dem Salz in einer Küchenmaschine aufschlagen.
Nachdem das Eiweiß schaumig ist, 50 Gramm des Puderzuckers auf hoher Geschwindigkeit einrühren, weiter 100 Gramm Puderzucker dazugeben und noch etwa 5 Minuten weiterrühren.
Nach und nach den restlichen Zucker unter ständigem Rühren zugeben, bis die Masse perlmuttweiß und schön cremig ist.
Vorsicht! Masse nicht überschlagen, da sie sonst flockt.
Mit einer groben Sterntülle die Masse schneckenförmig auf ein Backblech spritzen.
Zunächst für 10 Minuten bei 120 °C und dann 15 Stunden bei 85 °C backen.

DIE WEISHEIT MIT DEM LÖFFEL ...
Je nach Geschmack mit Vanilleeis, Schokoladensauce, Früchten und vor allem mit viel Sahne servieren.

HÖRI-DÜNNELE

Dünnele sind dünn ausgerollte Brotteige, mit Höri-Bülle, Quark und Käse belegt. Die Höri-Pizzen, wie die Dünnele auch genannt werden, gab es am Brotbacktag vor dem Brotbacken. Sie dienten im mit Feuer und Glut aufgeheizten Backhäuschen zur Hitzemessung, bevor das Brot eingeschoben wurde. Nach dem Aufheizen des Ofens mit Holzscheiten erreichte der Ofen gerne einmal eine Innentemperatur von 400 °C. Zu heiß für Brot, aber genial für Dünnele. So gab es die Dünnele zum Mittagessen, aber das Brot über die ganze Woche.

ZUTATEN FÜR 4 PERSONEN

- *400 g Dinkel-Emmer-Brotteig (siehe Seite 86)*
- *30 g Sonnenblumenöl oder Schweineschmalz*
- *30 g Mehl*
- *150 g Quark*
- *50 g Sahne*
- *300 g Höri-Bülle, in grobe Würfel geschnitten*
- *2 Knoblauchzehen, feingehackt*
- *100 g Heggelbacher Bergkäse oder Emmentaler, geraspelt*
- *Höri-Salz*
- *Pfeffer*

ZUBEREITUNG

Den Dinkel-Emmer-Brotteig mit Sonnenblumenöl und Mehl vermengen.
1 Stunde ruhen lassen.
Quark und Sahne vermischen, mit Knoblauch, Höri-Salz und Pfeffer würzen.
Höri-Bülle salzen und pfeffern.
Den Teig dünn ausrollen.
Quark-Sahne-Mischung auf dem Teig gleichmäßig dünn verstreichen.
Höri-Bülle gleichmäßig auf der Quarkmasse verteilen.
Bergkäse auf die Höri-Bülle streuen.
Das Blech in den auf 250 °C vorgeheizten Ofen schieben und 8–10 Minuten backen.
Vor dem Herausnehmen die Dünnele leicht anheben und prüfen, ob sie von unten gut gebacken sind.

DIE WEISHEIT MIT DEM LÖFFEL …
Zum Dessert als Apfel-Dünnele zubereiten: Ungewürzten Quark auf dem Teig verstreichen, Apfelscheiben darauflegen, Zucker darüberstreuen sowie eventuell ein paar gehackte Haselnüsse.

Gottfried lässt sich von der Euphorie des neuen Wirtschaftsaufschwungs tragen. Über die Kriegserlebnisse will er nicht mehr länger reden, der Krieg hat ihn seine besten Jahre gekostet. Jetzt ist er schon 28 Jahre alt. Trotz der schrecklichen Erlebnisse an der Front und in Gefangenschaft hat er seinen Humor und Optimismus behalten. Er trägt seine dunklen Locken streng nach hinten gekämmt, rasiert sich täglich und ist immer mit einem breiten Lächeln im Gesicht zu sehen. Er sprüht vor Tatkraft und beginnt auch in der Küche des Grünen Baums mitzuhelfen. Als Konditor ist ihm Küchenarbeit nicht fremd.

Wendelin sieht die Anstrengungen seines zukünftigen Schwiegersohnes. Ihm gefällt die zupackende Art des jungen Mannes. Gemeinsam planen sie eine Hochzeitsfeier, über die die Mooser noch Jahre danach reden werden. Vermutlich sieht Wendelin langsam auch der Realität immer klarer ins Auge und weiß: Der Grüne Baum braucht bald ein neues Wirtepaar, schließlich ist er auch schon 66 Jahre alt und von Franz gibt es noch immer kein Lebenszeichen.

»Das Dorf steht an dem Wochenende Kopf.«

Wir beginnen unseren gemeinsamen Lebensweg am 28. April 1949

Gottfried Neidhart

Rosel Neidhart

geb. Maier

Radolfzell, Konstanzerstr. 51 · Moos, zum »Grünen Baum«

Das Dorf steht an dem Wochenende Kopf. Nicht nur im Grünen Baum sind die Hochzeitsgäste untergebracht. Im Gasthaus Schiff wird der Gesangverein bewirtet, der Musikverein versammelt sich wiederum in einer anderen Gaststätte. In der Kirche finden sie alle keinen Platz, aber es wird eh im ganzen Ort gefeiert.

Brautpaar Rosel & Gottfried Neidhart (vorne)
Schwiegereltern und Wendelin (Mitte)
Marie Bölli (im Fenster)

Die Lust zu leben und zu genießen bestimmt das Nachkriegsleben im Grünen Baum.

Zuvor haben Wendelin Maier und Gottfried Neidhart erstmal genügend Lebensmittel zusammentragen müssen. Wendelin fuhr dafür selbst bis nach Hubertshofen in seine alte Heimat und bediente sich im Vorratsraum seines Bruders im Adler. Auch seine Kanäle zu den französischen Köchen im Foyer in Radolfzell müssen herhalten. »Die Hochzeit unserer Eltern muss in Größe und Ausführung für ziemlich Gesprächsstoff und Klatsch auf der Höri und Umgebung gesorgt haben, so dass meine Mutter über Jahre von Schuldgefühlen geplagt wurde«, verrät heute Marlies, die älteste Tochter des Jubelpaares.

Doch schon ein Jahr danach stand das nächste große Fest auf dem Programm. Schon während des Hochzeitswochenendes plant Wendelin als Vorstand des Gesangvereins Bohlingen 1950 ein großes Sängerfest.
Die Lust zu leben und zu genießen, bestimmt das Nachkriegsleben im Grünen Baum.

... die Dorfhonaration lässt sich chauffieren.

***1950:** Umzug zum Sängerfest. Die Dorfschönheiten laufen ...*

GLACIERTE KALBSSCHULTER

Braisieren bezeichnet »Le Guide Culinaire« des französischen Kochs Auguste Escoffier als Garen eines Bratens in der Braisière. Rosa Neukum, die Ehefrau von Franz Baum, bezeichnete es schlicht als Schmoren. Der Unterschied allerdings liegt im finalen Glacieren mit einer Demiglace (oder Kalbsjus). Demiglace nennt man eine eingelegte Fleischjus, ähnlich wie bei der Belchenbrühe (siehe Seite 26).

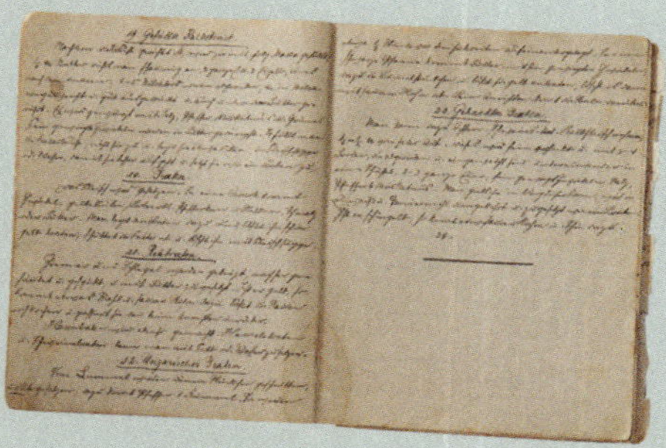

ZUTATEN FÜR 4 PERSONEN

- *1 kg Kalbsschulter (gerne das Falsche Filet)*
- *1 kg Röstgemüse (z. B. Lauch, Sellerie, Karotten, Pastinaken, Höri-Bülle), in Würfel geschnitten*
- *2 Knoblauchzehen, kleingehackt*
- *1 Lorbeerblatt*
- *1 Nelke*
- *2 Wacholderbeeren*
- *1 EL Tomatenmark*
- *½ l Rotwein*
- *0,3 l Demiglace (kräftige Kalbsjus)*
- *Höri-Salz*
- *Pfeffer*

- *1 Braisière (halbhohe Bratpfanne mit Deckel)*

ZUBEREITUNG

Kalbsfleisch salzen und pfeffern.
Gewürze, Röstgemüse, Tomatenmark und Knoblauch miteinander vermengen und in die Bratpfanne geben.
Das Kalbfleischstück daraufsetzen.
Rotwein und ½ l Wasser hinzugeben.
Mit einem Deckel abdecken.
Im Ofen bei 150 °C 30 Minuten garen.
Deckel herunternehmen und das Fleisch mit der Demiglace begießen.
Die Temperatur auf 180 °C erhöhen und weitere 10 Minuten ohne Deckel in der Röhre garen.
Diesen Vorgang noch zweimal für je 5 Minuten wiederholen und immer wieder mit der Bratensoße vom Boden begießen. Solle zu viel Flüssigkeit verloren gehen, noch etwas Wasser nachgeben.
Mit der Fleischgabel prüfen, ob das Fleisch gar ist.
Sollte das Fleisch noch nicht gar sein, nochmals in den Ofen schieben, bis es gar ist.
Die Bratensoße mit Salz und Pfeffer abschmecken und mit dem Röstgemüse zum Braten servieren.

GEBRATENE RÜBLI

ZUTATEN FÜR 4 PERSONEN

- *8 größere Rübli (Karotten)*
- *100 g Puderzucker*
- *100 ml kaltgepresstes Bodensee-Rapsöl*
- *1 Zweig Rosmarin*
- *1 EL Höri-Salz*
- *Pfeffer*

ZUBEREITUNG

Die Rübli gut waschen und der Länge nach aufschneiden.
Backblech mit der Hälfte des Puderzuckers und des Höri-Salzes einstreuen.
Rübli mit der Schneidseite auf das Blech legen.
Von oben mit dem restlichen Puderzucker und dem übrigen Höri-Salz bestreuen.
Mit den Rapsöl beträufeln und Rosmarinzweig dazulegen.
Im Backofen bei 220 °C 20 Minuten garen.
Herausnehmen und servieren.

Vom Konditor zum vierten Grünen Baum-Wirt

Im Nachhinein werden die Jahre nach dem Zweiten Weltkrieg nicht umsonst »Wirtschaftswunderjahre« genannt. Nach der Währungsreform waren die Warenlager über Nacht wieder gefüllt. Die Alliierten unterstützen den wirtschaftlichen Aufschwung und der Grüne Baum in Moos hatte auf einmal wieder so viele Gäste wie vor dem Krieg. Gottfried lässt sich von diesem Erfolg, den vielen Gästen und der Nachfrage gefangen nehmen. Er schlägt seinem Schwiegervater die Eröffnung eines Biergartens vor und baut für die Kinder neben dem Gasthaus einen kleinen Spielplatz.

Jetzt geht es wieder voran, ein Stück Normalität kehrt auf dem Lebensmittelmarkt ein. Der Marshallplan stellt Finanzmittel zur Verfügung, es entwickelt sich ein stetiges Wachstum. 197.000 Menschen flüchten 1950 aus der DDR, im Westen sind insgesamt neun Millionen Flüchtlinge und Vertriebene zu versorgen. In das alte Steinhaus, hinter dem Grünen Baum, werden Flüchtlinge einquartiert.

In der Zwischenzeit ist der Ehemann von Marie Bölli gestorben, sie wohnt jetzt wieder in einer Kammer im Grünen Baum, wobei sie dort eigentlich nur schläft, denn sie verbringt täglich jede Stunde nur in der Küche. Freizeit will sie nicht und braucht sie nicht, sagt sie. Dass Hildegard Knef der neue Filmstar Deutschlands ist, interessiert sie wohl kaum, dafür regen sich über die junge Knef viele alte Männer und sicherlich der Ortspfarrer auf: Die Sünderin heißt der Film und eine Sünderin ist für die katholische Kirche auch die Knef selbst. Denn man sieht sie im Film in einer kurzen Einstellung nackt. Lang genug für einen großen Skandal.

Dagegen, fast unbemerkt, wird in Berlin von Herta Heuwer in einem Kiosk an der Kant-Ecke Kaiser-Friedrich-Straße die Currywurst kreiert, während Gottfried Neidhart in Moos

1959: *Stammtisch mit Bürgermeister Oskar Graf*

1957: *Hubert und Marie Bölli*

***1959:** Rosel & Gottfried beim Büfettdienst*

im Grünen Baum Schweinsbratwürste mit Sauerkraut, Schäufele oder panierte Kalbsfüße serviert.
Langsam wird Wendelin Maier mit jedem Tag die Situation immer klarer. Er muss der Realität jetzt endgültig in die Augen sehen. Die letzten Kameraden haben ihm von seinem Sohn Franz an der Front erzählt, wo sie ihn aus den Augen verloren haben. Alle Erzählungen weisen auf seinen Tod hin. Der Grüne Baum aber soll weiterleben und Wendelin sieht, wie mit Gottfried dem Grünen Baum neue Triebe sprießen. Er springt über seinen Schatten, lässt Franz für tot erklären und verspricht Gottfried und Rosel den Grünen Baum.

Gottfried Neidhart entwickelt sich zum Dorfwirt

Rosel Neidhart ist eine Frau, die weiß, was sie will, am Ende aber gibt sie sich doch – vermutlich dem Familienfrieden zuliebe – geschlagen. Noch Jahre später träumt sie von einem kleinen Café in Radolfzell. Doch dieser Konditor aus der Nachbarstadt, der ihr ursprünglich ein Leben in einem beschaulichen Tagescafé versprochen hatte, findet offensichtlich immer mehr Gefallen an seiner neuen Rolle als Grüner Baum-Wirt.

Gruß aus Moos, dem Fischerdorf

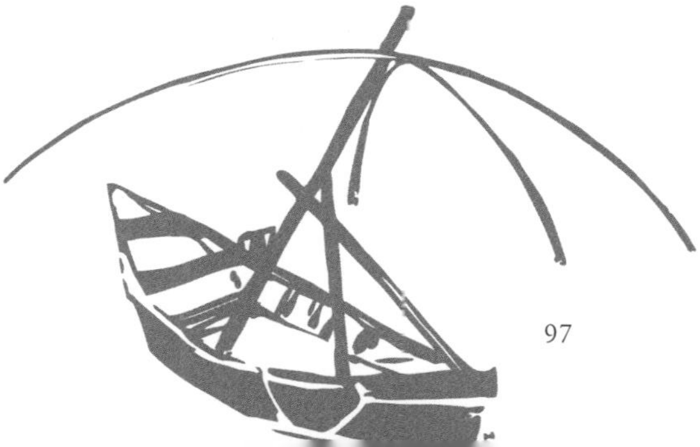

Die Gäste sind ausgehungert und streben nach Abwechslung, neuem Leben und Glück. Gottfried zeigt sein Gespür für die Menschen, geht es ihm doch ebenso. Er lässt sich von den Schlachtfesten von Rosels Großvater, Franz Baum, erzählen, der während der Kriegsjahre verstorben war. Sein Schwiegervater, Wendelin Maier, hatte sich später um die Schweine und den landwirtschaftlichen Betrieb kaum gekümmert. Gottfried aber spuckt in die Hände und lässt die Feste mit Metzelsuppe und Schlachtplatte wiederaufleben. Zusätzlich eröffnet er einen Sonnengarten mit einem selbstgebauten Karussell für die Kinder und baut im Keller noch eine Schießanlage ein.

Rosel und Gottfried Neidhart geben dem Grünen Baum ein neues Gesicht und etablieren den Gasthof zu einem Unterhaltung bietenden, fröhlichen, kulinarischen Ausflugsziel. Im Sommer der Sonnengarten und im Winter den Saal im zweiten Stock, im dem schon bald auch an Wochenenden Tanzkapellen aufspielen. Unter der Woche treffen sich hier die Mooser zu Familienfesten.

Der Konditor Gottfried Neidhart aus der Stadt Radolfzell wird schnell zu einem richtigen Mooser Bürger. Er sorgt als Dorfwirt für neuen Schwung und Leben im Ort und gründet mit einigen Stammtischfreunden den Narrenverein »Rettich«. An den Fasnachtstagen wird aus dem Grünen Baum der »Dürre Ast«.

Doch drei Tage Narretei im Jahr sind dem jungen Narrenvater nicht genug. Er lädt jetzt jeden Mittwoch zu einem »Bunten Abend« und schenkt den Gästen einen dunklen Saft aus schwarzem Rettich ein. Der schwarze Rettich ist eine winterharte Sorte, der Rettich wird ausgepresst und dem scharfen Saft Zucker hinzugegeben. »Der Zaubertrank gibt Kraft«, verspricht der Wirt den Gästen. Manchem Gast aus der Stadt mag es vor dem ersten Schluck gegraust haben.

Karussell im Sonnengarten

Gottfried alias Édith Piaf

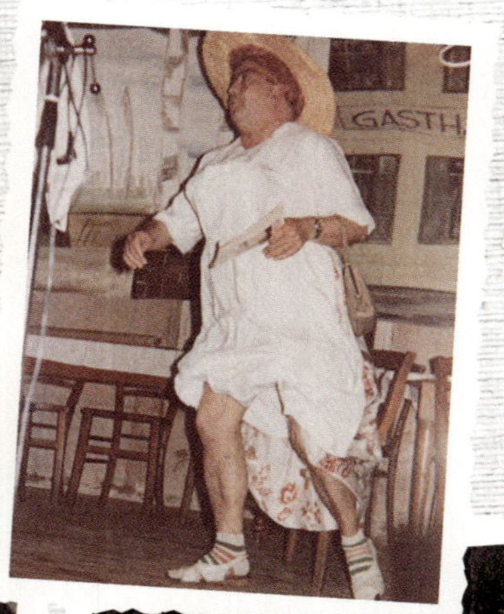

Hausmusik mit Robby Böhler (Mitte)

Generalprobe zum Bunten Abend mit Papierpferden

Schießstand im Keller

Gottfried als langjähriger Präsident der »Mooser Rettich«

Rosel und Gottfried beim Schwoft

»Rettich, Bülle und Salot – gnueg, gnueg, gnueg.« Narrensproch

HÄPPCHEN …
MOULIN ROUGE UND BEICHTVATER

Ein wahrer Gastwirt wie aus dem Bilderbuch ist der Freund eines jeden Gastes. Gottfried Neidhart war zu allem hin auch noch Entertainer, Showman, Baywatch-Man, der Hacklschorsch von Moos und auch noch Konditor, Koch, Wirt und Hotelgründer – ein wahrer Tausendsassa. Das Nebenzimmer verwandelt er wöchentlich zu einem Moulin Rouge und führt ihm Operettenkleid Mooser Revuen auf. Mittags lässt er die Kinder der Feriengäste auf Papierpferdchen um die Wette reiten, abends trinkt er mit den Gästen seinen schwarzen Rettichsaft.

Einen Teil des Bodenseeufers in Moos verwandelt er zum Mooser Sandbeach. Mit einem »Holder der Hasenbure«, dem damals klassischen Ein-Achstraktor, fährt er den Sand zu dem heutigen Mooser Strandbad und eröffnet für seine Gäste den ersten Strandkiosk von Moos.

Im Winter holt er hinter seinem Schweinestall einen großen Bob-Schlitten hervor und schießt, wie nach ihm der legendäre Georg Hackl bei den Olympiaden, mit acht Personen den Schiener Berg hinunter.

Im Schatten der Kirche von Moos ist Gottfried Neidhart für viele Mooser Männer spät in der Nacht auch noch ihr wahrer Beichtvater. Auch als Poststellenhalter weiß er vieles, was er gar nicht wissen will. Sein Fazit als Wirt gilt wie für den amtlichen Poststellenleiter: »Man sollte einfach vieles, kaum gehört, auch schon wieder vergessen.«

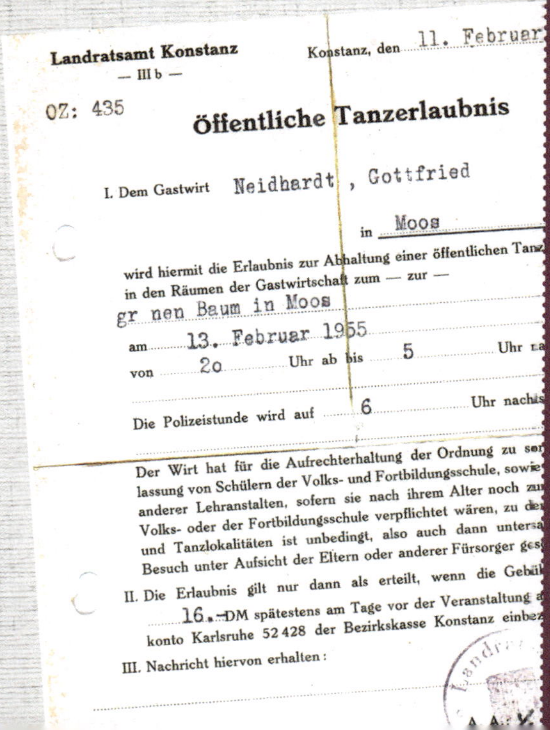

Landratsamt Konstanz
— III b —

Konstanz, den 11. Februar

OZ: 435

Öffentliche Tanzerlaubnis

I. Dem Gastwirt Neidhardt , Gottfried

in Moos

wird hiermit die Erlaubnis zur Abhaltung einer öffentlichen Tanz
in den Räumen der Gastwirtschaft zum — zur —
gr nen Baum in Moos
am 13. Februar 1955
von 20 Uhr ab bis 5 Uhr
Die Polizeistunde wird auf 6 Uhr nachts

Der Wirt hat für die Aufrechterhaltung der Ordnung zu sor
lassung von Schülern der Volks- und Fortbildungsschule, sowie
anderer Lehranstalten, sofern sie nach ihrem Alter noch zur
Volks- oder der Fortbildungsschule verpflichtet wären, zu der
und Tanzlokalitäten ist unbedingt, also auch dann untersa
Besuch unter Aufsicht der Eltern oder anderer Fürsorger ges

II. Die Erlaubnis gilt nur dann als erteilt, wenn die Gebü
16.– DM spätestens am Tage vor der Veranstaltung a
konto Karlsruhe 52 428 der Bezirkskasse Konstanz einbez

III. Nachricht hiervon erhalten:

Hähnchen mit Fähnchen und Pommes

Das Gückelessen ist weitbekannt,
drum kamen wir schnell hergerannt.
Beim Weine und bei Bier
bekam uns gut das holde Tier.!

1963: *Eintrag im Gästebuch, November*

Eva, Gottfried, Rosel und Elli

1964: *Küchenpersonal*

Wienerwald-Gerichte in Moos

»Heute bleibt die Küche kalt, wir gehen in den Wienerwald« – diesen Slogan der erfolgreichen Wienerwald-Kette hat auch Gottfried Neidhart vernommen. Der österreichische Gastronom Friedrich Jahn eröffnet Mitte der 50er-Jahre in ganz Süddeutschland seine Filialen. Hähnchen frittieren und Kalbsschnitzel backen kann ich auch, denkt Gottfried und kauft sich eine große Fritteuse und einen Hähnchengrill. In großen weißen Brocken Frittierfett, das aus gehärtetem Walrat-Fett hergestellt wird, werden jetzt Hähnchen und Pommes frittiert. Wie immer Wendelin Maier die neue Küchenkultur auch schmecken mag, sein Schwiegersohn hat die Zeichen der Zeit erkannt. Die Pommes werden zum Renner, selbstverständlich frisch aus Kartoffeln von Höri-Bauern geschält und geschnitzt. »Fünf Minuten in Wasser köcheln und dann drei Minuten frittieren«, ist das Rezept.

Der Grüne Baum wächst und wächst

Im VW Käfer, dem Opel Rekord oder Olympia, oder in dem neuen Ford Taunus, die Deutschen sind mobil unterwegs und eines der beliebtesten Ziele ist der Bodensee. Rosel und Gottfried Neidhart haben den Grünen Baum in der Region als Gasthaus mit Freizeitangeboten in die erste Reihe auf der Höri geführt, jetzt wollen sie den Feriengästen auch Fremdenzimmer anbieten.
Vater Wendelin Maier ist im Jahr 1955 bei einem Unfall vor der Haustür des Grünen Baums tödlich verunglückt. Er hat als Poststellenleiter die Post zum Postbus gebracht und wurde auf der Straße von einem Motorradfahrer überfahren. Auch seine zweite Frau Maria ist schon 1949 verstorben.

Rosel und Gottfried sind in der Zwischenzeit Eltern von fünf Kindern, zwei Söhne und drei Töchter. Ihr Optimismus ist ungebremst.

»... der Optimismus ist ungebremst.«

1963: *Gottfried und Rosel mit allen fünf Kindern und »Adoptivtochter« Lenie*

1964: *Gottfried mit seinen Kindern am selbst aufgeschütteten Strand*

1958: *Um- und Anbau durch Architekt Graf*

Jahrelang haben sie versucht, eine Abrissgenehmigung für das alte Steinhaus hinter dem Gasthaus zu erhalten. Spöttisch nennen die Mooser den Bau, in dem noch immer Flüchtlinge wohnen, »Villa Stein«.

1958 hat die Gemeinde den Flüchtlingen neue Räume zugewiesen und Gottfried Neidhart beginnt sofort mit dem Abbruch. Um weiteren Fragen der Gemeindeverwaltung zu entgehen, wird der Umzug und Abbruch auf einen Tag gelegt, an dem die Verwaltung einen Ausflug plant. Bei der Rückkehr der Gemeinderäte sind die Flüchtlinge in ihrem neuen Quartier und Maria Bölli längst im Grünen Baum untergebracht und der Neubau kann ebenso schnell vonstattengehen.

1960 bietet der Grüne Baum 21 Fremdenzimmer mit »fließendem kalten und warmen Wasser«, was zu dieser Zeit noch als echter Luxus gilt. Zusätzlich sind 60 neue Gästeplätze in einem neuen Nebenzimmer im Restaurant entstanden.

»Im Zuge dieses Umbaus wurde auch die Poststelle um satte acht Quadratmeter erweitert.« Dieser Hinweis findet sich im Archiv des Gasthauses. Wobei die Poststelle eigentlich nur aus einem antiken Sekretär besteht, der neben der Küche zum Restaurant steht. Doch immer mehr Postkunden wie auch immer mehr Gäste fordern auch immer mehr Platz. Bald erledigt Gottfried die Postgeschäfte morgens auf dem Sekretär und abends richtet Rosel darauf die kalte Küche an.
Im Flur ist das »Öffentliche Telefon« installiert. Lange Zeit der einzige Fernsprecher im Ort. Manchmal wartet ein Mooser Bürger am Stammtisch auf einen abgemachten Anruf, oder die Kinder müssen bei einem Ferngespräch schnell durch den ganzen Ort flitzen und den Angerufenen bitten, in den Grünen Baum, beziehungsweise die Poststelle, zu kommen.
Die Geschäftszeiten der Poststelle sind ja klar: Am Dienstag ist Ruhetag! Dafür aber ist der Postschaffner, beziehungsweise Wirt, auch am Samstag oder Sonntag im Dienst.

***1964:** Postkarte nach Renovierung durch Robert Seyfried*

Der Grüne Baum wird neugestaltet

Nierentisch und Blümchentapeten gelten über Nacht als spießige Bürgerlichkeit der 50er-Jahre. Zeitgemäße Hotels wie der Scheffelhof in Radolfzell bestuhlen Anfang der 60er-Jahre ihr Restaurant mit hellen, modernen Möbeln. Rosel will sich dem Trend anpassen, das lässt sich ihr Mann nicht zweimal sagen. Er wagt, mutig, wie es seine Art ist, gleich den großen Wurf und beauftragt den Künstler, Bildhauer und Grafiker Robert Seyfried. Dieser gestaltet den Gastraum völlig um.

Robert Seyfried ist zu der Zeit eine nationale Berühmtheit, wurde im NS-Staat geschmäht und lebt zurückgezogen. Ursprünglich kommt er aus dem nahen Bohlingen. Maria Maier, geborene Buchegger, ist eine Tante von ihm gewesen. Er lässt sich kaum in seine Arbeit reinreden. Heute zählen seine Fensterbilder im Grünen Baum zu den Höri-Kunstwerken. Sie zeigen in bleiverglasten Fenstern die »Mooser Schätze«: Bülle, Fisch, Rettich und Salat plus ein Familienbild der Neidharts 1964 mit den Eltern Rosel und Gottfried, sowie den fünf Kindern Marlies, Cordula, Andrea, Klaus und Hubert.

»1960 bietet der Grüne Baum 21 Fremdenzimmer mit fließendem kaltem und warmem Wasser ...«

In einer Nische steht seit damals von ihm in Bronze gegossen der Fischmann. Er zeigt mit plastischem Formgefühl die schleichende Symbiose eines Fischers zu seinen Fischen. Dank Robert Seyfried ist so der Grüne Baum zu einem kleinen Kunst-Museum der Höri geworden.

Seyfried starb 1991 in Singen. In Radolfzell, Bohlingen, Steißlingen, Gailingen am Hochrhein und Liptingen hat er mehrere Werke hinterlassen. Bekannt sind in diesen Orten seine Narrenbrunnen.

1964: *Familienfenster von Robert Seyfried*

HECHTKLÖSSCHEN

ZUBEREITUNG

Hechtfilet ohne Haut in kleine Stücke schneiden.
Mit Sahne und Salz im Cutter (Mixer) zu einer homogenen Masse mixen.
Durch ein Haarsieb passieren, um die rückständigen Gräten auszusortieren.
1 Liter Wasser mit einer Spickzwiebel, einem Schuss Essig und einer guten Prise Salz zu Kochen bringen.
Aus der Hechtfarce mit einem Esslöffel 12 Nockerln ausstechen und in das kochende Wasser geben.
Einmal aufkochen, beiseite stellen und 10 Minuten ziehen lassen.

ZUTATEN FÜR 4 PERSONEN (1 LITER)

- *450 g Hechtfilet*
- *350 g Sahne*
- *1 Spickzwiebel*
- *Weißweinessig*
- *1 Prise Salz*

***Alternativ:** Hechtkotelette mit Champagnerkraut und Albleisen*

DIE WEISHEIT MIT DEM LÖFFEL ...

Im Frühling und Sommer mit Blattspinat und im Winter mit Champagnerkraut servieren.
***Champagnerkraut** ist junges Sauerkraut, mit Zwiebeln angedämpft, mit Champagner aufgegossen und bissfest gegart.*
*Eine **Spickzwiebel** ist eine ganze weiße Zwiebel, an die ein Lorbeerblatt mit einer Nelke angeheftet wurde.*

Das Leiden Christri im Hechtkopf

HECHTKOPFSÜLZE

Hechte werden bis zu 15 Kilogramm schwer und bis zu 1,50 Meter lang. Bis zu 20 Personen können damit verköstigt werden. Besonderer Beliebtheit erfreuen sich das Kopf- und Flossenfleisch. Als feiner, zarter und kurzfaseriger Muskel wird es im gekochten Zustand aus dem Kopf ausgebrochen.

ZUTATEN FÜR 4 PERSONEN

Für den Fischsud

- *1–2 Hechtköpfe von großen Hechten (à 3 kg Gesamtgewicht) ergibt Hechtkopffleisch von 500-800 g*
- *Wurzelgemüse (z. B. 1 Lauchstange, 1 Karotte, 1 Sellerieknolle, 1 Fenchelknolle), grob geschnitten*
- *2 Lorbeerblätter*
- *1 Nelke*
- *3 Wacholderbeeren*
- *3 Knoblauchzehen*
- *1 Höri-Bülle*
- *1 dl Weißweinessig*

Für die Sülze

- *500 g ausgebrochenes Hechtkopffleisch (siehe Sud), kleingeschnitten*
- *Wurzelgemüse à 100 g (z. B. Lauchstange, Karotte, Sellerieknolle, Fenchelknolle), in kleine Würfel geschnitten (Brunoise)*
- *15 Blatt Gelatine*
- *Sonnenblumenöl*
- *0,4 l vom Fischsud*
- *0,2 l Weißwein*
- *2 cl Ricard (französischer Anisschnaps)*
- *Prise Safran*
- *1 EL Hechtrogen*
- *Salz*
- *Pfeffer*

DIE WEISHEIT MIT DEM LÖFFEL ...
Hechtkopffleisch war Gottfried Neidharts Lieblingsessen. Oft saß er am Stammtisch und brach das Hechtkopffleisch genüsslich aus und verzehrte es anschließend mit Bülle-Vinaigrette (siehe Seite 80) und Salat.

ZUBEREITUNG

Sud

Die Hechtköpfe in einen geeigneten großen Topf geben – die Hechtköpfe sollten den Platz darin ziemlich ausfüllen.
Wurzelgemüse dazugeben.
Gewürze dazugeben.
Mit Wasser auffüllen, so dass die Köpfe bedeckt sind.
Weißweinessig dazugeben.
Langsam zum Kochen bringen und 20–25 Minuten leicht köcheln lassen.
Prüfen, ob die Köpfe gar sind. Die Augenpupillen sollen wie eine kleine Perle hervorstechen, und die Kiemen durchgehend grau sein.
Köpfe herausnehmen, erkalten lassen.
Das zarte Fleisch aus Unterkiefer, Backen, Nacken und Vorderflossen mit einem Löffel herausbrechen und beiseite legen.
Den Fischsud auf 1 Liter reduzieren und abpassieren.

Sülze

Die Gelatine in kaltem Wasser aufquellen lassen.
Das Gemüse in etwas Sonnenblumenöl andünsten.
Mit dem Fischsud und Weißwein ablöschen.
Aufkochen, mit Safran, Ricard, Salz und Pfeffer abschmecken.
Von der Gelatine das Wasser ausdrücken, in dem warmen Fischsud auflösen.
Das Kopffleisch dazugeben.
Eine Terrinenform mit Klarsichtfolie auslegen, mit dem Sud auffüllen und kaltstellen.
1 Tag ruhen lassen.
In Scheiben geschnitten servieren.

HECHTTATAR

Gottfried Neidhart schnitt große Hechte von 3 bis 15 Kilogramm Gewicht quer durch die Wirbelsäule als Tranche ab und nannte sie Hechtkoteletts.
Heute filiert man den Hecht der Wirbelsäule entlang in 2 Filets und schneidet dann Steaks daraus. Dies hat den Vorteil, dass weniger Gräten durchgeschnitten werden. Beim Filieren bleibt an der Wirbelsäure gerne etwas Hechtfleisch hängen, dies kann mit einem Löffel abgeschabt und zu Hechttatar zubereitet werden.

ZUBEREITUNG

Das Hechtfleisch vom Rücken so rausschneiden, dass es grätenfrei ist, oder das abgeschabte Fleisch von der Wirbelsäule nehmen.
Das Fleisch in sehr feine Würfel schneiden.
Mit Rapsöl, Salz und Pfeffer vermengen.
Verjus dazugeben.
Die Zwiebel in kleine Würfel schneiden und unter das Tatar geben.

ZUTATEN FÜR 4 PERSONEN

- *400 g Hechtfleisch vom Rücken und das von der Wirbelsäule abgeschabte Fleisch*
- *5 cl kaltgepresstes Rapsöl oder Olivenöl*
- *3 cl Verjus oder Zitronensaft*
- *1 Höri-Bülle oder Frühlingszwiebeln*
- *Höri-Salz*
- *schwarzer Pfeffer*

DIE WEISHEIT MIT DEM LÖFFEL ...
Es können Wachteleier als Spiegeleier ausgebraten und dann auf dem Tatar serviert werden. Oder Hechtkaviar (siehe Seite 148) als Topping auf das Tatar setzen.
Die ausgeschnittenen grätenreichen Teile des Hechts können zu Hechtklößen (siehe Seite 105) verarbeitet werden.

HECHTLEBERPARFAIT

DIE WEISHEIT MIT DEM LÖFFEL ...
Nicht zu lange mixen, da die Masse leicht gerinnt.
Mit Bülle-Chutney (im Grünen Baum-Lädele erhältlich) oder gegrillter Artischocke (siehe Seite 165) servieren.

ZUTATEN FÜR 4 PERSONEN

- *500 g Hechtleber*
- *5 cl Gewürzreduktion (siehe Seite 54)*
- *1 dl Weißwein*
- *500 g kalte Butter*
- *4 cl Ricard (französischer Anisschnaps)*
- *Höri-Salz*
- *Pfeffer*

ZUBEREITUNG

Hechtleber von allen Därmen und Gallenansätzen befreien.
Reduktion mit Weißwein auffüllen.
Hechtleber langsam bei 80 °C darin dämpfen, bis sie durchgegart ist.
Heiße Hechtleber mit der Weißwein-Reduktion im Mixer pürieren.
Nach und nach Butterflocken darunter mixen.
Mit Ricard, Pfeffer und Höri-Salz abschmecken.
In eine Form geben und kaltstellen.

KONFIERTE HECHTLEBER

Man bezeichnet die Hechtleber wegen ihres hohen Fettanteils und feinen Geschmacks auch als Foie gras (Gänsestopfleber) der Fische.

ZUTATEN FÜR 4 PERSONEN

- *1 Höri-Bülle oder Frühlingszwiebel*
- *1 EL Butter*
- *1 Lorbeerblatt*
- *1 Wacholderbeere*
- *0,05 l Weißwein*
- *Schuss Ricard (französischer Anisschnaps)*
- *200 g Hechtleber*
- *Salz*
- *Pfeffer*

ZUBEREITUNG

Höri-Bülle in Butter andünsten.
Lorbeer und Wacholderbeeren dazu.
Mit Weißwein und Ricard ablöschen.
Leber in Stücke schneiden und hineinlegen.
Bei schwacher Hitze (unter dem Siedepunkt) garen lassen.
Salzen und pfeffern. In eine Form geben und kaltstellen.

DIE WEISHEIT MIT DEM LÖFFEL ...
Als kleine Vorspeise vor dem Hecht mit Brot servieren.

Vom Forellenhof zum Fischaquarium …

Der öffentliche Telefonapparat hängt im Flur des Grünen Baums, der neue Fernsehapparat im Nebenzimmer ist bald eine ebenso öffentliche Einrichtung. Wo sonst sollen die Männer im Ort die Fußball-Nationalmannschaft sehen, oder die Kinder Dick und Doof und den Fernsehhund Lassie oder den schwarzen Hollywood-Hengst Fury.
Rosel und Gottfried Neidhart zeigen sich großzügig, ihr Fernsehapparat ist nun mal einer der wenigen im Ort. Die Männer trinken zu den Fußballspielen wenigstens ein Bier, die Kinder aber schleichen sich in das Nebenzimmer und schauen heimlich, bis die Eltern sie zum Abendessen abholen. Wobei damals das Fernsehprogramm werktags erst nach 17 Uhr beginnt, manchmal mit der für Jugendlichen interessanten Sendung Spaß, Spiel Spannung mit Klaus Havenstein. Ein Quotenrenner, hätte man damals schon die Quote berücksichtigt.

1965 zeigt der Südwestdeutsche Rundfunk in der ARD die Fernsehserie Forellenhof. Das Landhotel liegt am Rande des Schwarzwaldes. Der damals bekannte Schauspieler Hans Söhnker serviert in der Hauptrolle des Hotelchefs Otto Buchner »Forelle Müllerin Art« oder »Forelle blau«. Das wollen jetzt plötzlich alle Gäste auch in ihrem Gasthaus serviert bekommen.
Das Höri-Hotel in Gaienhofen hat längst reagiert, dort tummeln sich Forellen in einem großen Becken. Der Gast darf sich seine Forelle aussuchen, die das Personal lebend fängt und garantiert frisch zubereitet serviert.
Gottfried Neidhart hat sich das angesehen. Das konnte bisher noch kein Grüner Baum-Wirt akzeptieren, wenn er sich im Abseits sieht. Gottfried überlegt nicht lange und installiert in seinem Restaurant ein großes Aquarium, in dem aber schon bald nicht nur Forellen schwimmen, sondern auch jede Art von Bodenseefisch, der auf seiner Speisekarte steht.

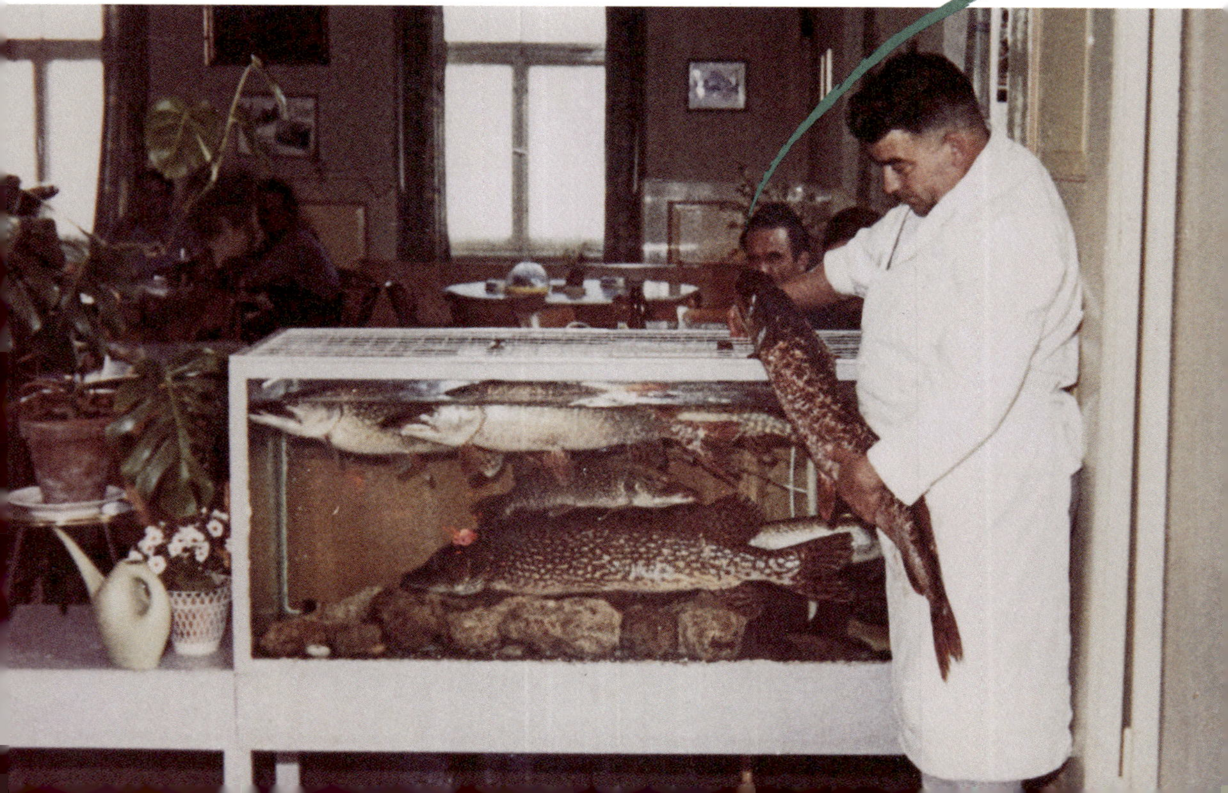

Hubert Neidhart, der heutige Grüner Baum-Wirt, erinnert sich noch an den Spaß der Gäste, vor allem wenn sie einen Aal aus dem Bassin fischen mussten. »Dabei muss man schnell sein, um den Aal hinten am Kopf fassen zu können, nur so kann man ihn halten und aus dem Behälter ziehen.« Beim Hecht dagegen sollte man lieber die Finger aus dem Wasser lassen und einen Kescher holen, rät er, denn ein Hecht hat messerscharfe Zähne.

... und aus dem Fischaquarium in die Freiheit

Wenige Jahre später wird das Aquarium im Grünen Baum fast so berühmt, wie die Fernsehserie Forellenhof. Medien in der gesamten Republik berichten von der Tierliebe eines Gastes beziehungsweise von der Tierliebe dessen Freundin. Sie sieht einen Hecht unbeweglich, fast totscheinend, auf dem Grund des Aquariums stehen. Ihr tut der gefangene Fisch leid. Ihr Freund ruft den Kellner und fragt, ob er den Hecht mitnehmen könne, er bezahle den Preis für den Fisch gerne. »Der Kunde ist König« heißt die Devise gastfreundlicher Wirte, also bekommt der Mann den Hecht in einem mit Wasser befüllten Behälter.

Der Mann nimmt den Eimer mit dem Hecht darin mit und zieht mit seiner Freundin los. Sie steckt dem Hecht, den sie Hugo tauft, noch einen Freundschaftsring an die Heckflosse, wo sie weiß, dass er mangels Nerven an den Flossen kein »Weh und Ach« verspürt. Die beiden gehen schnurstracks an den Bootssteg im Hafen von Moos, öffnen den Eimer und schütten das Wasser samt Hecht in den See. Der Hecht platscht in das Seewasser und ward nicht mehr gesehen.

Stammgäste im Grünen Baum sind auch ein paar Mitarbeiter des demoskopischen Instituts von Elisabeth Noelle-Neumann in Allensbach. Sie nehmen die Geschichte zum Anlass für eine repräsentative, deutschlandweite Umfrage und wollen wissen, ob der Herr mit seiner Freundin die Tierliebe übertrieben hat oder nicht?

Das Ergebnis: 35 Prozent der Frauen finden die Aktion gut, aber nur 19 Prozent der Männer.

Hubert Neidhart winkt ab: »Das war zu einer anderen Zeit.« Heute erledigen die Fischer ihren Fang, wie vorgeschrieben, direkt nach der Entnahme aus dem Netz an Bord und bringen kurze Zeit später die Fische ebenso frisch in die Küche des Grünen Baums.

Ferienhaus Grüner Baum

Das Leben der Wirtsfamilie Neidhart in Moos ist in den 60er-Jahren fast so idyllisch wie das Leben der Familie Buchner in der SWF-Serie Forellenhof. Wie in dem Drehbuch des Forellenhofs arbeitet auch im Grünen Baum die ganze Familie mit. Für die Kinder gibt es keine Ausrede. Die Schule muss nebenbei gehen. Vater Gottfried weiß schließlich genau, welche Berufe seine Kinder ergreifen werden. Da gilt die Weisheit: Früh übt sich, wer ein Meister werden will!
Der älteste Bub, Klaus, muss mit seinem jüngeren Bruder Hubert jeden Freitag Hähnchen einbalsamieren und sonntags in die Fritteuse geben. »Sieben Minuten Rücken, sechs Minuten Brust«, haben sich Hubert Neidhart die Garzeiten exakt eingeprägt. Zusätzlich müssen jedes Wochenende 100 Kilogramm Kartoffeln für die Pommes geschält, geschnitten und am Sonntag zum Mittagstisch frittiert werden.

» ... jedes Wochenende müssen 100 Kilogramm Kartoffeln für die Pommes geschält, geschnitten und am Sonntag zum Mittagstisch frittiert werden.«

Die Mädchen Marlis, Cordula und Andrea sind im Service eingespannt und die Poststelle muss auch immer eines der Kinder bedienen. Fußball spielen oder Ministrant sein ist für Wirtskinder nicht angesagt, beides findet nun mal sonntags statt, aber da wird jede Arbeitskraft in der Küche oder am Büfett gebraucht.

Während Gottfried Neidhart sich für seine Feriengäste zum Entertainer entwickelt, üben sich seine Kinder als Gesellschafter für die Kinder der Feriengäste. Im Ausgleich bekommen sie ein in der Marus-Werft in Moos hergestelltes Ruderboot und vor allem eine Vaurien-Jolle. Mit den Booten und den Kindern der Gäste kreuzen Klaus und Hubert durch den Untersee, mittags ist immer ein Stopp im heutigen Mooser Seebad angesagt. Dort empfängt sie ihr Vater, der mit seinem schicken Opel Kapitän den Essenslieferanten spielt und Hähnchen und Pommes serviert. Schon bald sieht Gottfried die Nachfrage steigen und bedient auf der Seewiese auch andere Feriengäste, nicht nur die aus seinem Hotel.

Moos wird zu einem attraktiven Ferienort der Bodensee-Halbinsel Höri. Das Fischerdorf lockt Gäste aus den Großstädten des damaligen »Kohlenpotts«, aber auch aus den Niederlanden oder Dänemark.

Auf der Speisekarte der 60er-Jahre dominierten neben den gegrillten Hähnchen, Jägerschnitzel, Kalbshaxen, »Zigeunerschnitzel« – die heute korrekt Paprikaschnitzel heißen würden, auch nach wie vor die »Russischen Eier«, die Wendelin Maier eingeführt hat, sowie Sardellenbrot und natürlich der neuste Hit: Toast Hawaii. Eine Kreation, die dem Fernsehkoch Clemens Wilmenrod zu verdanken ist, der den Toast in Deutschland erstmals in einer seiner damaligen Sendungen vorstellte.

1964: *Mitarbeiter und Hubert beim Felchen schuppen, Schäferhund Lux*

Aal abziehen

FRÜH ÜBT SICH …

Beim Suppenschöpfen

Kleiner Knopf mit Knöpfle

Sauerkraut stampfen

Metzgetä

Wildschwein hängt im Keller ab

...WER EIN MEISTER WERDEN WILL!

RUSSISCHE EIER

Russische Eier stammen eigentlich aus den Herrschaftsküchen der europäischen Könighäuser und Grandhotels. Es sind mit Belugakaviar gefüllte Eier auf russischem Salat aus Knollengemüse, mit Mayonnaise und Trüffel angemacht. Oft werden sie zu Hummer und Lachs serviert.
Über die Zeit verwandelten sich die Russischen Eier in ein Volksgericht unterschiedlichster Art: Zu Wendelin Maiers Zeiten wurden im Grünen Baum Russische Eier auf Kartoffelsalat zu geräucherten Rogensträngen des Gangfisches oder zu geräucherten Brachsen serviert. Zu Gottfrieds Neidharts Zeiten auf Fleischsalat mit deutschem Kaviar und Lachsersatz mit Salzsticks. Zu Huberts Neidharts Zeiten auf russischem Salat mit Felchenkaviar und gebeizter Lachsforelle.

ZUTATEN FÜR 4 PERSONEN

Für den russischen Salat

- *150 g Sellerieknolle*
- *150 g Karotten*
- *150 g Kohlrabi*
- *150 g Kartoffel*
- *200 g Erbsen*
- *100 g Quark*
- *100 ml Blitz-Mayonnaise*
- *1 Zitrone*
- *Höri-Salz*
- *Pfeffer*

Für die gefüllten Eier

- *8 Eier, hartgekocht*
- *60 g Quark*
- *5 cl kaltgepresstes Rapsöl*
- *1 EL Hechtrogen*
- *100 g Felchenkaviar*

DIE WEISHEIT MIT DEM LÖFFEL ...
Gangfische waren kleinere Laichfelchen, die bei Ermatingen vor der Laichzeit abgefischt und mit den Innereien geräuchert wurden.

ZUBEREITUNG

Russischer Salat
Das Gemüse schälen und in Zentimeter große Würfel schneiden.
Die Gemüsewürfel und Erbsen bissfest kochen.
Mit Quark und Rouille vermengen.
Mit Höri-Salz, Pfeffer und etwas Zitronensaft abschmecken.

Gefüllte Eier
Die gekochten Eier längs halbieren.
Eidotter aus dem Ei herausnehmen, ohne den Eiweißkörper zu verletzen.
Die Eidotter durch ein Haarsieb treiben, mit dem Quark, Rapsöl und Hechtrogen vermengen.
In einen Spritzsack mit Sterntülle füllen und kurz ruhen lassen.
Dann in die leeren Eihälften spritzen.
Einen kleinen Löffel Felchenkaviar obendrauf geben.
Auf dem russischen Salat anrichten.

BLITZ-MAYONNAISE

ZUTATEN FÜR 1/5 LITER

- *1 Ei*
- *1 EL Dijon-Senf*
- *40 ml Verjus oder milder Essig*
- *400 ml Sonnenblumenöl*
- *Höri-Salz*
- *Pfeffer*

ZUBEREITUNG

In den Mixbecher ein Ei aufschlagen, Senf und Verjus hinzufügen.
Das Öl darauf geben, sodass die übrigen Zutaten nicht aufgewirbelt werden.
Mit dem Mixtab von unten im Becher langsam anmixen.
Sobald eine Bindung erkenntlich ist, die Geschwindigkeit erhöhen und den Mixstab langsam nach oben ziehen, bis alles zu einer geschmeidigen Creme geworden ist.
Falls die Creme zu fest ist, einen Spritzer Wasser nachgeben.
Mit Höri-Salz und Pfeffer würzen.

»Gepflegter« Tennisplatz

1970: *Das neue Haus Gottfried*

4. GENERATION

1970

GOTTFRIED NEIDHART
... UND BAUT ZUM GRÜNEN BAUM DAS HOTEL HAUS GOTTFRIED

Gleichzeitig wurde die Hafenanlage gebaut

Gottfried Neidhart ist für die Geschichte des Grünen Baums ein Glücksgriff, wie seine drei Vorgänger. Doch während Franz Baum und Wendelin Maier nicht nur mit den Widrigkeiten des Krieges, der Inflation und Wirtschaftskrise kämpfen mussten, scheint Gottfried Neidhart nach der Übernahme des Gasthauses einen ewigen Sonnenschein gepachtet zu haben. Er hatte schon in seinen jungen Jahren als Soldat im Zweiten Weltkrieg sicher genügend Leid und Elend kennengelernt, doch darüber redet er nie. Dafür ist, seit er in Moos mit Rose zusammen den Grünen Baum führt, ihm das Glück stets treu.

Von 50 auf 500 Milliarden Euro ist das Bruttosozialprodukt Deutschlands von 1950 bis 1970 gestiegen. Es waren wirtschaftlich goldene Zeiten für alle Unternehmer, auch für die Gastronomie. Das Wachstum scheint kein Ende zu nehmen. Da eifert Gottfried Neidhart allen seinen Vorgängern nach und entscheidet sich als mutiger Visionär, wie einst Johann Georg Baum als Gründer des Grünen Baums für neue Investitionen.

Gottfried reißt den alten Schweinestall, den einst Franz Baum gebaut hatte, ab. Er will kein Gästehäuschen bauen, sondern ein richtiges, stattliches Hotel auf internationalem Niveau! Immer wieder geht sein Blick zum Höri-Hotel in Gaienhofen, dort muss sein jüngster Sohn Hubert wöchentlich hinradeln, um zu schwimmen, das hat ihm sein Arzt wegen eines Rückenleidens verordnet. Natürlich hat Gottfried einen Architekten, der ebenso groß zu denken weiß wie der Bauherr. Also wird ein Schwimmbecken mit olympischem Ausmaß in das Hotel geplant, direkt neben den Sitzplätzen des Restaurants.

Die Einweihung des Hotels Haus Gottfried ist 1970 ein Ereignis, zu dem der Landtagsabgeordnete wie auch der Landrat und andere Persönlichkeiten mit Rang und Namen vorfahren. Das neue Schwimmbecken ist acht auf zwölf Meter groß, das Restaurant schließt sich direkt an, die über 20 Zimmer sind im Obergeschoss mit Dachterrasse großzügig ausgestattet.

»Ein Schwimmbecken mit olympischem Ausmaß …«

Schwimmbad mit olympischem Ausmaß 12,5 Meter

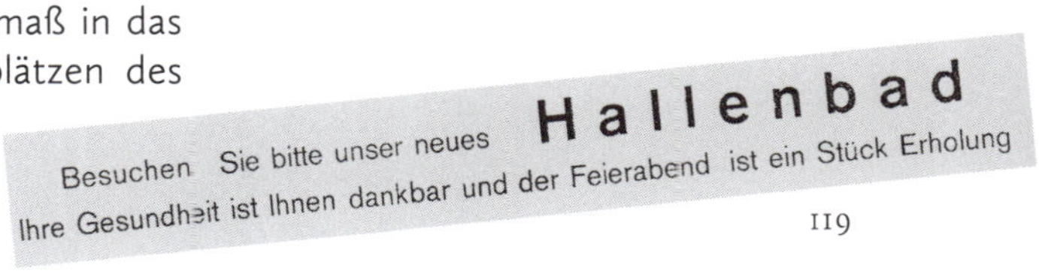
Hallenbad
Besuchen Sie bitte unser neues
Ihre Gesundheit ist Ihnen dankbar und der Feierabend ist ein Stück Erholung

»... von Paris direkt nach Moos ...«

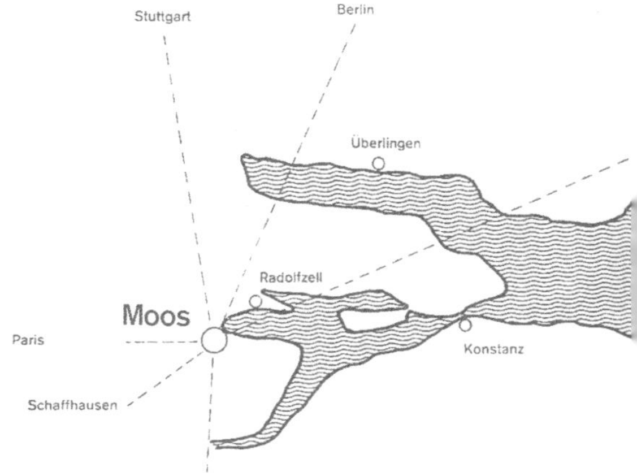

Gottfried Neidhart empfängt die Gäste mit seiner Frau Rosel persönlich. Er schenkt in staatsmännischer Feierlaune Champagner aus und springt schließlich im Frack und mit Zylinder in den neuen Pool.
Das große Schauspiel ist seiner Rosel sicherlich wieder wochenlang peinlich. Das Haus Gottfried ist nicht nur das Ortsgespräch. Mit der Eröffnung finden immer mehr der neuen, großen Limousinen mit bekannten Persönlichkeiten den Weg nach Moos. Gottfried sieht sich mit seinem neuen Hotel in der ersten Reihe der besten Häuser am Bodensee. Er wirbt in einem neuen Prospekt und Anfahrtswegen von ganz Süddeutschland und sicherlich augenzwinkernd mit einer Fahrtbeschreibung von Paris nach Moos.

Eine der renommiertesten Küchen in dieser Zeit ist neben dem Erbprinzen in Ettlingen das Parkhotel in Hinterzarten. Dorthin schickt Gottfried Neidhart seinen ältesten Sohn Klaus zur Ausbildung. Später steht Klaus noch in einigen anderen Gourmetküchen in Hannover und München, bis er mit feinsten Gerichten der Haute Cuisine in seinem Tornister nach Moos zurückkehrt.
Mit seiner Schwester Marlies übernimmt er die Führung des Hotels Haus Gottfried. Klaus Neidhart servierte damals die beliebten Crevetten-Cocktails, raffinierte Meeresfischgerichte und Schweinefilet Florida. Auch Schildkrötensuppe ist damals noch angesagt, Porterhouse-Steak mit Kräuterbutter und Schweinelenden mit Puszta-Soße.

Der Grüne Baum ist nun das Traditionslokal. Hier steht nach wie vor Rosel mit einigen Beiköchen aus dem Ort hinterm Herd. Der jüngste Spross, Hubert, hat 1973 seine Lehre im Inselhotel in Konstanz abgeschlossen und muss jetzt die Küche im Haus Gottfried übernehmen, bis sein Bruder Klaus von der Wehrpflichtzeit bei der Bundeswehr zurückkehrt. »Dann war ich dran«, erinnert sich Hubert Neidhart, »ich wollte unbedingt weg, andere Küchen sehen, andere Kochkulturen kennenlernen. Die Geschichten von Opa Wendelin aus Frankreich und London hatten wir alle im Kopf, da wollte ich jetzt auch hin.« Seine Auslandserfahrungen, vor allem in der Bretagne, werden seine Küchenphilosophie prägen.

Die Ölkrise und ein leerer Parkplatz

Aller Wachstum findet seine Grenzen. Das erleben 1973 auch die Menschen in Deutschland mal wieder. Das Ende des »Wirtschaftswunders« der Nachkriegszeit ist dem Ölembargo der OPEC-Staaten zu verdanken. Es wird der Überschuldung der USA wegen des Vietnamkriegs zugeschrieben. Die Gründe können Gottfried Neidhart in Moos gleichgültig sein, doch über Nacht bleiben die teuren Limousinen aus, kein Auto fährt mehr vor. Vier Wochen herrscht Fahrverbot an den Sonntagen, weitere Folgen sind die bis dahin in der neuen Bundesrepublik weitgehend unbekannten Erscheinungen wie Kurzarbeit, Arbeitslosigkeit und steigende Sozialausgaben – und vor allem steigende Ölpreise.
Das Wasser im Schwimmbassin des Hotels wird bisher auf 22 Grad geheizt, dazu kommen der überdimensionierte Baderaum und der freie Zugang in das Restaurant. Von Wärmeschleusen oder Isolierungen redet noch kein Mensch. Zusätzlich kommen in dieser Zeit hohe Zinsbelastungen für den Neubau.

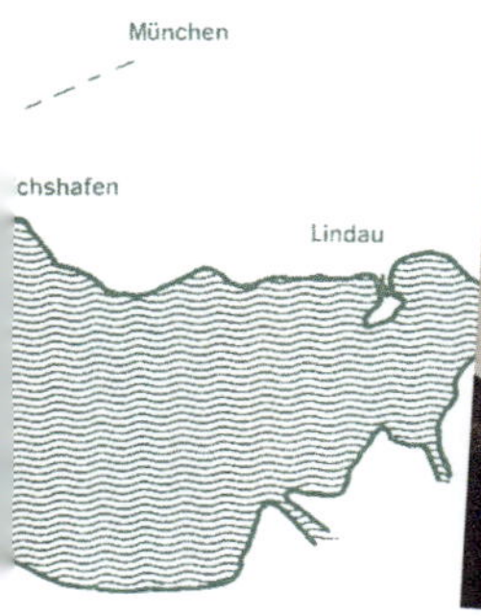

Gerlinde und Klaus

Klaus und Hubert an Vaters 60. Geburtstag

»Das war alles irgendwann zu viel für unseren Vater«, erinnert sich Hubert Neidhart, »er war gesundheitlich angeschlagen, also musste ich zurück nach Hause kommen.«

Klaus Neidhart hat sich in der Zwischenzeit im Haus Gottfried schon einen Namen erkocht. Mit seiner Frau Gerlinde hat er auch schon die ersten internationalen Auszeichnungen ergattert. Aber was soll jetzt aus dem Grünen Baum werden?
Feinschmecker zieht es zu Klaus Neidhart, in das Haus Gottfried. Aber kann da der Grüne Baum im Schatten nebenan noch überleben?
»Zwei Küchenchefs in einer Küche ist eine schwere Aufgabe«, hat Hubert Neidhart erfahren, schmunzelt und fügt hinzu: »und wenn es Brüder sind, ist es wohl noch viel schwerer.«
So hat ihr Vater eine salomonische Lösung gefunden. Klaus bleibt mit Gerlinde im Haus Gottfried und Hubert übernimmt erstmal auf zwei Jahre die Küchenleitung im Grünen Baum. Dann erst will man sehen, ob sich die beiden Häuser nebeneinander überhaupt tragen.

Hubert Neidhart hat seinen Ehrgeiz. Er sieht den Erfolg seines Bruders und weiß, dass er mit dem Traditionshaus einen anderen Weg einschlagen muss und auch will. 1977 übernimmt er die Küchenleitung im Grünen Baum. Noch ist sein Vater der Besitzer, doch 1980 findet die Familie mit allen Geschwistern eine einvernehmliche Lösung. Es bleibt dabei: Klaus und Gerlinde übernehmen das Haus Gottfried und Hubert ist der fünfte Grüner Baum-Wirt.

HÄPPCHEN …
DIE KUNST WIRT ZU SEIN

Ursprünglich hatte er das Handwerk des Konditors erlernt. Dann hat ihn sein Schwiegervater, Wendelin Maier, geschickt in die Rolle des Gastwirts gedrängt. Im Rentenalter darf Gottfried Neidhart nicht mehr rauchen und soll selbst auf seinen geliebten Wein verzichten. »Meine Leber«, sagt er und drückt mit der flachen Hand auf die Ecke seines Bauchs, wo sie sitzt »als Wirt trinkt man eben doch manchmal zu viel«, schmunzelt er. Trinken müsse man mit den Gästen, Einheimischen und Bekannten. »Es geht ein Stück der Gesundheit verloren und auch das Privatleben muss man oft zurückstellen«, gesteht er einem Redakteur des Südkuriers nach seinem Schlaganfall.

Zur Kunst ein Wirt zu sein, gehört seiner Meinung nach Humor. »Das hat nicht jeder und man muss gesellig sein und auch hin und wieder ein Auge zudrücken.« Doch trotz dieser nun angeschlagenen Gesundheit würde er es wieder tun.

BLITZ-HOLLANDAISE

ZUTATEN FÜR 6 PERSONEN

- *500 g Butter*
- *1 Ei*
- *4 cl Gewürzreduktion (siehe Seite 54)*
- *Höri-Salz*

ZUBEREITUNG

Butter schmelzen, bis sie kleine Blasen wirft und die Molke am Topfboden leicht gebräunt ist.
Beiseite stellen und auf etwa 75 °C abkühlen lassen.
Das Ei in den Mixbecher geben.
Die Gewürzreduktion auf circa 60 °C erwärmen und zum Ei dazugeben.
Mit dem Mixstab nach und nach die geklärte Butter daruntermixen.
Mit Höri-Salz abschmecken.

SAUCE MOUSSELINE

ZUTATEN FÜR 4 PERSONEN (1 LITER)

- *0,5 l Blitz-Hollandaise (siehe Seite 122)*
- *0,2 l Sahne, geschlagen*

ZUBEREITUNG

Die geschlagene Sahne unter die Blitz-Hollandaise heben.

DIE WEISHEIT MIT DEM LÖFFEL ...
Lauwarm zu heißem Spargel servieren.

GEKOCHTER HÖRI-SPARGEL

ZUTATEN FÜR 4 PERSONEN

- *2 kg Höri-Spargel (Güteklasse A 16+)*
- *3 l Wasser*
- *15 g Zucker*
- *20 g Butter*
- *Saft einer ¼ Zitrone*
- *40 g Salz*

Im Vergleich zur Höri-Bülle besitzt der Höri-Spargel eine sehr junge Tradition. Erst in den 60-er Jahren des 20. Jahrhunderts begann die Familie König aus Bankholzen den Spargelbau. Die Flurstücke mit sandigen Boden und das milde Klima bieten ideale Voraussetzungen dafür.

ZUBEREITUNG

Spargel mit dem Sparschäler vom Kopf nach unten schälen und den letzten Zentimeter abschneiden.
Schalen und Abschnitte in 2 Liter kaltem Wasser aufsetzen und auskochen.
Durch ein Sieb abpassieren, Schalen und Abschnitte entsorgen.
Spargel in einen Topf oder eine Kasserolle legen.
Zucker, Salz, Butter und Zitronensaft dazugeben.
Mit dem heißen Fond übergießen, so dass alle Spargel bedeckt sind.
Mit Backpapier bedecken und aufkochen.
Maximal 5 Minuten kochen lassen (je nach Topfart und Spargel-Qualität).
Gargrad testen: Hierzu einen Spargel herausnehmen und wie eine Stange waagrecht halten. Der Spargel sollte steif wie ein Stock, noch leicht matt im Aussehen und bissfest sein.
Vom Herd nehmen und 10 Minuten ziehen lassen.

DIE WEISHEIT MIT DEM LÖFFEL ...
Kann mit Pellkartoffeln und Sauce Mousseline (siehe Seite 122) serviert werden.
Je nach Alter der Spargelstöcke und wetterbedingtem Wachstum kann die Garzeit variieren, deshalb stets den Gargrad testen.

BARBENDUNKE

Barben gehören zu den grätenreichen Fischen des Bodensees. In feine Streifen geschnitten und gesalzen werden sie im Grünen Baum als Sardellenersatz verwendet. Aufgemixt mit Rapsöl ergeben sie eine würzige Dunke (Dip), die ideal zu Höri-Rohkost passt oder sich wunderbar als Aufstrich zu Brot eignet.

ZUTATEN FÜR

Für die gesalzenen Barbenfilets

- *300 g Barbenfilet, fein in Streifen geschnitten*
- *2 Zweige Thymian*
- *1 TL Fenchelsamen*
- *Estragonblätter*
- *60 g Höri-Salz*

Für die Dunke

- *300 g gesalzene Barbenfilets*
- *2 EL scharfer Dijon Senf*
- *3 cl Rotweinessig*
- *30 g Petersilie, kleingehackt*
- *4 Knoblauchzehen, kleingeschnitten*
- *¼ l Sonnenblumenöl*
- *¼ l kaltgepresstes Rapsöl*
- *Pfeffer*

ZUBEREITUNG

Die Barbenfilets mit Thymian, Fenchelsamen, Estragonblättern und Salz würzen.
2 Tage im Kühlschrank stehen lassen und immer wieder wenden.

Die gesalzenen Barbenfilets durch den Wolf drehen.
Barbenmasse mit Senf, Essig, Petersilie und Knoblauch in einen Mixer geben und langsam anmixen.
Nach und nach etwas Sonnenblumenöl eingießen, so dass Fisch und Senf mit dem Öl emulgieren.
Eventuell ein paar Tropfen Wasser dazugeben.
Das Rapsöl langsam untermixen. Sollte sich das Öl absetzen, etwas Wasser nachgeben.
Mit Pfeffer nachwürzen, fertig ist die Dunke.

ZUTATEN FÜR 4 PERSONEN

Für die Barbenfarce

- *400 g Barben*
- *1 Ei*
- *100 g Brotbrösel*
- *Hechtrogen*
- *100 g Sahne*
- *Höri-Salz*

Für den Teig

- *200 ml lauwarmes Wasser*
- *600 g Weizendunst*
- *4 Eigelbe*
- *3 EL kaltgepresstes Bodensee-Rapsöl*
- *Höri-Salz*
- *evtl. 2 EL Hechtrogen*

BARBEN-MAULTASCHEN

Barben gehören zu den Flussfischen und kommen hauptsächlich an der Aach-Mündung vor Moos und am Seeauslauf bei der Insel Wert Stein am Rhein vor. Wie Brachsen, Karpfen und Schleien gehören Rotaugen zu den Weißfischen, die wegen ihrer Grätenanatomie nicht unbedingt zu den Lieblingsfischen der Feinschmecker zählen. Gleichwohl gehörten sie Ende des 19. Jahrhunderts zu den Brotfischen der Bodenseefischer. Geräuchert erfreuten sie sich durch ihr schmackhaftes Fleisch großer Beliebtheit.
Heute filieren wir die grätenreichen Teile und benutzen sie für Brät und Mousse zu Frikadellen, Maultaschen, sowie für Saucen und Pasten.
Die grätenfreien Teile werden zu Steaks und Filets verarbeitet.

DIE WEISHEIT MIT DEM LÖFFEL …

Passt gut zu Champagnerkraut und Albleisa (siehe Seite 71).
Man kann die ***Maultaschen*** *tags darauf mit Hechtrogen-Butter anbraten.*
Champagnerkraut ist junges Sauerkraut, mit Zwiebeln angedämpft, mit Champagner aufgegossen und bissfest gegart.

ZUBEREITUNG

Für die Barbenfarce das Barbenfilet durch den Wolf drehen.
Mit allen Zutaten vermengen und mit dem Mixstab aufmixen.
Für den Teig Wasser in eine Schüssel geben und Weizendunst darunter mengen.
Eigelbe und Rapsöl einkneten.
Den Teig solange kneten, bis er sich von der Schüssel trennt und eine Kugel bildet.
Sollte der Teig sich nicht von der Schüssel trennen, etwas Mehl nachgeben, beziehungsweise, sollte er zu trocken sein, etwas Wasser hinzufügen.
Teig beiseite stellen, mindestens 1 Stunde ruhen lassen, gerne auch über Nacht mit Öl bestrichen und in Frischhaltefolie eingepackt.
Dann den Teig auf einem gemehlten Tisch dünn in circa 8 cm breite Streifen ausrollen.
Die unteren 2 cm mit Eigelb einstreichen.
Auf den Rest das Barbenmus verteilen. Links und rechts noch ein Zentimeter frei lassen.
Von oben her einrollen.

Links und rechts die Enden zusammendrücken und schließen.
Mit dem Stiel eines Kochlöffels die entstandene Wurst alle 5 cm eindrücken, so dass geschlossene Maultaschen endstehen.
Auf einem mit Mehl bestäubten Blech kurz ruhen lassen.
In kochendem Salzwasser 10 Minuten leicht köcheln lassen.
Herausnehmen und in 100 g geschmolzener Butter und Hechtrogen kurz durchschwenken.

5. GENERATION

1977

HUBERT NEIDHART FÜHRT DEN GRÜNEN BAUM ZUM GOLDENEN FISCH

Mit jedem neuen Wirt sprießten bisher dem Grünen Baum neue Triebe. Tatsächlich benötigt das Gasthaus auch in seinem hundertsten Jahr einen neuen Schnitt. Das neue Hotel Haus Gottfried glänzt zeitgemäß mit einer Küche, die schon bald von den internationalen Kritikern des Michelin, Gault Millau oder dem Feinschmecker ausgezeichnet wird. Hier treffen sich die Gourmets des westlichen Bodensees und selbst Feinschmecker aus anderen Ländern wie der Schweiz und Frankreich fahren zu Klaus Neidhart.
Im Grünen Baum dagegen kehren die Bürger von Moos ein und ein paar unentwegte Stammgäste, die dem Traditionshaus die Treue halten. Doch reichen die wenigen Stammgäste, um zu überleben? Die Zukunft des Traditionshauses ist ungewiss.

Hubert Neidhart kommt nach dem Hilferuf seines Vaters nach Hause und übernimmt im Frühjahr 1977 die Küche des Grünen Baums. Die Zeit des Hähnchengrills und der Pommes ist vorbei, doch die jetzt zeitgemäße Haute Cuisine der guten Restaurants bietet sein Bruder nebenan. So also muss und will Hubert einen neuen, eigenen Weg für die Küche des Grünen Baums finden. Sein Vater hat ihm zwei Jahre gegeben. Dann wird er über die Zukunft der beiden benachbarten Häuser entscheiden.

Soupe de Poisson

Es ist ein kaltes und regnerisches Wochenende. Ostern 1977 fällt auf das erste Aprilwochenende, von Frühling noch keine Spur. Hubert sitzt in seinem warmen Grünen Baum, trinkt eine Tasse heißen Kaffee und schreibt als Küchenchef seine erste Speisekarte. Vorneweg stehen die Suppen. Eine Flädlesuppe ist obligatorisch und auch eine Kartoffel-Lauchsuppe bestellen die Gäste gerne. Draußen regnet es, das Thermometer verharrt bei knapp fünf Grad, da wollen die meisten Gäste zuerst eine heiße Suppe. Aber ob in seinem Heimatort auch die am Atlantik beliebte »Soupe de Poisson« Freunde findet? Hubert hat diese Fischsuppe in der Küche des L'Hermitage in der Bretagne kennengelernt. Er trägt noch immer diese feinen Aromen auf der Zunge. Mit Krebsbutter und Safran angemacht und mit Knoblauchbrot und scharfer Sauce Rouille serviert, eines der feinsten Rezepte, denkt er und ist mutig. Er will einen neuen Weg einschlagen. Er muss

Täglich frisch
vom Fang

Hechtpastete mit grüner Sauce
**
Fischsuppe mit Knoblauchbrot
und Sauce Rouille
**
Felchenfilet auf Blattspinat
in Weißweinsauce mit Kartoffeln
**
Kretzerfilet in Mandelbutter
mit Dampfkartoffeln
**
Käseteller
oder
Salat von frischen Früchten

39,-- DM

Hechtpastete mit grüner Sauce 8,50 DM
Felchenfilet auf Blattspinat
in Weißweinsauce mit Kartoffeln 19,50
Kretzerfilet in Mandelbutter
mit Dampfkartoffeln 19,50
Hecht auf Nachfrage

Karl Osterwald gehört zu den etablierten Fischern des Dorfes, der täglich seine Netze setzt, wobei ihm Wind und Wetter nichts anhaben können. Felchen, Kretzer, Zander, Hecht und Aal sind nur einige der Fischarten, die sich in den Maschen verfangen.
Naturverbundene Frühaufsteher, die den Reiz des Romantischen lieben, nimmt er gerne einmal mit hinaus auf den See.
Also dann: Petri Heil!

Speiskarte von Hubert Neidhart, 1977 und Karl Osterwald als Bezugsquelle für frischen Bodenseefisch

dem Grünen Baum in diesem Frühjahr neue Triebe ermöglichen. Er muss neben dem Haus Gottfried seine Küche neu ausrichten, und er weiß auch, welche Weichen er für die die neue kulinarische Reise in seiner Küche stellen will.

Im Nachhinein mag Ostern 1977 für Hubert ein Reinfall gewesen sein, zumindest was seine »Soupe de Poisson« betrifft. Dabei hat er damals den ersten Grundstein für seinen späteren Erfolg gelegt und gezeigt, wie er den Widerspruch einer regionalen Küche mit internationalem Anspruch der Feinschmecker vereint. Freilich nahmen sie in der Küche in der Bretagne für ihre Fischsuppe Meeresfisch. Doch Huberts Ziel ist es von Anfang an, in seiner Küche ausschließlich Lebensmittel der Höri-Region zu verwenden. Mutig hält er sich an das französische Rezept, greift auch zu exotischen Gewürzen wie Safran, nimmt aber als Grundlage die Fische der Bodenseefischer. Er filetiert Felchen und Hecht, oder auch Barbe und Schleie, verarbeitet die Süßwasserfische, wie er es mit den Meeresfischen in Frankreich gelernt hat, und gewinnt den feinsten Geschmack der Fische, in dem er auch die Karkassen köchelt.

HÄPPCHEN …
GENERATIONENWECHSEL

»Mal was anders«, lockt Gottfried Neidhart und schlürft genussvoll diese neue »Soupe de Poisson« von seinem Sohn Hubert. Er selbst ist zunächst gar nicht überzeugt, wie sein Spross aus den Karkassen der weniger edlen Fische – wie Schleie oder Brachse – eine schmackhafte Suppe hinbekommen will. »Was willst du denn mit diesen Fischskeletten?«, fragt er seinen Sohn zweifelnd und verzieht sein Gesicht.
Die Senioren erfolgreicher Gasthäuser wollen ihre Stammgäste bei der Übergabe an die nächste Generation nicht verlieren und wissen: die Gäste kommen nun mal wegen ihrer, der eigenen, altbekannten Küche. Sie und die Stammgäste sind so die Bremser jeder kreativen Veränderung in den Küchen. Früher schmeckte alles besser, wissen die Gäste. Flädlesuppe und Wiener Schnitzel sind der Grund für den Besuch im Grünen Baum der 1960er-Jahre.
Ein Generationswechsel in den Küchen ausgezeichneter Restaurants geht deswegen nie reibungslos über die Bühne. Doch Gottfried Neidhart scheint da aus anderem Holz geschnitzt zu sein. Er zeigt sich erfreut, wenn diese »Schnitzelaffäre« – so nennt er selbst seine eigene Küche – ein Ende hat, und er hat die Größe, seine beiden Jungs im Hotel Haus Gottfried und im Grünen Baum ihre eigenen Ideen umsetzen zu lassen.
»Die müsst ihr mal probieren«, rät der Senior seinen Stammgästen im Grünen Baum und lässt sich immer, wenn Bekannte eintreten schnell eine dieser neuen »Soupe de Poisson« servieren. »Ob sie ihm wirklich geschmeckt hat?«, fragt sich Hubert Neidhart heute, aber er ist ihm dankbar: »Er war auf jeden Fall der beste Promoter meiner Suppe.«

Im Service ist in den ersten Jahren Huberts Schwester Cordula. Sie redet mit Engelszungen auf die Gäste ein und versucht, die neue Suppe ihres Bruders an den Mann, beziehungsweise die Frau zu bringen. Doch da hilft es auch nicht, dass sie die Zutaten verführend beschreibt, die Sauce Rouille erklärt, die traditionelle Beilage der legendären Bouillabaisse. Selbstverständlich fügt Hubert diese Rouille selbst zusammen. Natürlich auch die Mayonnaise dafür, keine gekaufte Fettschmiere, sondern typisch französisch das Eigelb mit Olivenöl gerührt und mit gestoßenem Pfeffer, Knoblauch, Dijon-Senf pikant gewürzt. Diese wunderbare, herzhafte Tunke auf das knackigen Knoblauchbrot gegeben, dazu ein paar gehobelte Parmesanspäne und dann die feine Fischbrühe darüber gegossen – ein wahrer Genuss, verspricht Cordula den Gästen. Aber der Erfolg bleibt aus.

»Einmal Soupe de Poisson!«

Doch dann plötzlich: Cordula ruft in die Küche ihrem Bruder zu: »Einmal Soupe de Poisson!«
Endlich denkt Hubert, es gibt wohl doch auch aufgeschlossene Gäste in dem Traditionslokal seiner Eltern. Er erhitzt die vorbereitete Fischbrühe, schneidet kleine Fischfiletstücke und gibt sie in die Suppenterrine. Noch einmal schmeckt er die Suppe ab und gibt dann die Brühe mit den Zutaten an den Pass.

Neugierig folgen seine Augen seiner Schwester, wohin sie die Suppe trägt. Er fragt sich, wer von seinen Moosern Stammgäste sich getraut hat?
Cordula stellt die Suppe einem Gast auf den Tisch, tritt weg und Hubert sieht keinen mutigen Hörianer seine Suppe löffeln, sondern einen alten Kollegen aus seinen Londoner Tagen.

»Das war die einzige Fischsuppe, die wir die ganzen Ostertage über verkauft haben«, lacht Hubert heute, dessen »Soupe de Poisson« in der Zwischenzeit als »Bodensee-Fischsuppe« zum Markenzeichen seiner Küche wurde und die fast jeder Gast vorneweg bestellt.

Bodenseefischsuppe à la Grüner Baum (siehe Seite 135)

Erstes Silvester im Inselhotel Konstanz – Hubert als Glücksbringer

Vom Lehrbub zum Küchenchef

»Kapitän der Weltenmeere, oder zumindest der Weißen Flotte hätte mir sicher auch gefallen«, winkt Hubert Neidhart ab, »aber an eine echte Berufswahl erinnere ich mich nicht.« Sein Vater Gottfried hatte die Sache eingefädelt und nach der Schule ging es 1970 ab nach Konstanz in das Inselhotel mit seiner angesehenen Küche. Da muss der gerade mal 14-jährige Hubert erstmal lernen, dass jeder Arbeitstag frühmorgens beginnt, bevor der Chef da ist – und so lange geht, bis der Chef die geputzte Küche abends abgenommen hat. Von wegen Acht-Stunden-Tag.
Doch während er zu Hause noch kiloweise Kartoffeln für die Pommes schälen musste, lernt er in der professionellen Küche des modernen Inselhotels die ersten küchenfertigen Produkte aus dem Großhandel kennen. Tiefgefrorene Pommes machen das Leben in der Küche leichter, erfährt er, und dazu werden noch weitere Convenience-Produkte angeliefert. »Uns Stiften gefiel das zunächst sehr, mussten wir doch nicht mehr den ganzen Tag nur die niedrigen Arbeiten erledigen: Schlachtabfälle entsorgen oder nur Gemüse putzen, schnippeln und Kraut hobeln. Die Steaks wurden zerlegt, der Rehrücken zerwirkt angeliefert und Erbsen und Rotkraut gab es jetzt in der Dose.«
Noch mehr Erleichterungen bieten später noch größere Küchen. In London steht Hubert Neidhart in einer Gourmetküche, in der die Köche von ihren Lieferanten mit zum Kochen vorbereiteten Produkten geradezu verwöhnt werden. Hier ist der Fisch nicht nur ausgenommen, sondern auch schon filetiert, oder die Hähnchen in Brüstchen und Schlegel zerlegt und das Gemüse geputzt und geschnippelt.

Doch nach der Lehre und vor der Walz muss Hubert Neidhart zuerst nochmals nach Moos zurück. Sein Bruder ist bei der Bundeswehr, also muss er als Jungkoch die Küche in dem neuen Hotel Haus Gottfried leiten. Doch kaum ist Klaus zurück, schnürt Hubert sein Ränzlein und geht auf Wanderschaft.
Es ist die Zeit, in der die französische Haute Cuisine der Maßstab aller Gourmet-Küchen ist. Also zieht es Hubert zunächst Richtung Atlantik, in den Ort La Baule, zu einem der ausgezeichneten Köche im Restaurant L'Hermitage. Der dortige Küchenchef ist ein wahrer Traditionalist. Er scheint gegen die neue Convenience-Küche immun zu sein. »Wir gingen jeden Tag mit unserem Chef auf den Markt, er schaute, was die Bauern und Fischer ihm anboten, prüfte die Ware und stellte dann, mit dem täglich wechselnden Marktangebot, auch täglich frisch seine Tages-Menüs immer neu zusammen.«
Der französische Küchenchef zerlegt die Lämmer und Kälber selbst und filetiert die Fische, ganz so, wie es vermutlich schon sein Vater und Großvater getan haben. Mit den Knochen zieht er eine Jus, so wie es der französische Meisterkoch Auguste Escoffier gelehrt hat. Von einer regionalen Küche redet zwar noch kein Mensch, aber dieser Küchenchef im L'Hermitage zeigt dem deutschen Jungkoch Hubert Neidhart, wie er seine Region durch ihre eigenen und unverfälschten Lebensmittel den Gästen schmackhaft nahebringt.

1975 Commis de cuisine, L'Hermitage, La Baule, Frankreich

BODENSEEFISCHSUPPE À LA GRÜNER BAUM

Im Grünen Baum kennt man die Bodenseefischsuppe als Vorspeise oder Zwischengericht, mit Sahne legiert. Sie gilt als kleine Varianten vom Mooser Fischtopf.

ZUTATEN FÜR 4 PERSONEN (1 LITER)

- *30 g Krebsbutter (siehe Seite 146)*
- *1 TL Hechtrogen*
- *2 Knoblauchzehen, kleingehackt*
- *1/8 Chilischote, kleingeschnitten*
- *30 g Mehl*
- *1,2 l Fischfond (siehe Seite 74)*
- *¼ l Weißwein*
- *Prise Safranfäden*
- *2 cl Ricard (französischer Anisschnaps)*
- *50 ml Sahne*
- *160 g Fischeinlage (Fischfilets am besten zweifarbig, rot und weiß, z. B. Lachsforelle und Felchen)*
- *Salz*
- *Pfeffer*

ZUBEREITUNG

Krebsbutter schmelzen.
Hechtrogen, Knoblauch und Chilischote darin anschwitzen.
Mit Mehl bestäuben und leicht anrösten.
Mit dem Fischfond ablöschen.
5–10 Minuten köcheln lassen, bis der Fond um ein Drittel reduziert ist.
Mit dem Wein auffüllen, weiterkochen, mit Salz und Pfeffer nachwürzen.
Safranfäden dazugeben und mit Ricard abrunden.
Sahne steifschlagen und in die kochende Suppe geben.
Das Ganze wieder aufkochen lassen, bis die Sahne emulgiert ist und die Suppe aufsteigt.
In der Zwischenzeit die Fischeinlage in kleine, grätenfreie Würfel schneiden und roh in Suppenschüsseln verteilen. Die heiße Suppe darübergeben. Voilà.

DIE WEISHEIT MIT DEM LÖFFEL …

*So wird die **Bodenseefischsuppe** gegessen: Sauce Rouille (siehe Seite 75) auf ein Röstbrot streichen, Käse darüberstreuen, das Brot in die Suppe eintauchen, auslöffeln und mit einem Bodensee Rosé nachspülen. So werden alle Geschmacksknospen aktiviert und entfachen eine wahre Geschmacksexplosion.*

1976 Chef de Partie im neu eröffneten Intercontinental, Hyde Park, London

Nach einer Saison in Frankreich will der Jungkoch nur kurz auf Opa Wendelins Spuren London besuchen. Das Intercontinental in London zählt zu den feinsten Häusern. »Das wollte ich natürlich auch gesehen haben«, erinnert er sich noch heute. »Da wollte ich mich nur kurz vorstellen, um dann wieder nach Frankreich zurückzukehren. Doch dann rief mich völlig überraschend der Küchenchef zu sich«, erzählt Hubert Neidhart, »was willscht du denn in Frankreich?«, fragte der mich im breitesten Seealemannisch, nachdem ich ihm gesagt hatte, ich will wieder in eine französische Küche.« Der Küchenchef heißt Peter Kromberg und stammt aus Überlingen. »Also blieb ich bei ihm eine Saison.«
Hubert Neidhart ist zunächst überwältigt. In der Gourmetküche des Intercontinental scheint alles immer und gleich und sofort möglich zu sein. In der reichen Millionenstadt spielt Geld keine Rolle. Der Küchenchef ordert, was gerade angesagt ist. Jahreszeiten und Entfernungen spielen keine Rolle. »Wir hatten das ganze Jahr über Spargel und junges, frisches Frühlingsgemüse, denn Frühling ist immer irgendwo in der Welt.«
Es ist für den gerade mal 18-jährigen Mooser Jungkoch großartig und überwältigend. Er lernt die feinsten Spezialitäten der Gourmetwelt zuzubereiten: Hummer, kanadischen Wildlachs, Atlantik-Seeteufel, US-Beef oder schottische Lämmer.
Dann erreicht ihn ein Anruf von Zuhause, sein Vater ist krank geworden. Mit diesen beiden gegensätzlichen Erfahrungen im Gepäck – aus der internationalen Gourmetküche auf Sterneniveau und der Regionalküche im Landgasthof – kehrt er zurück nach Moos. Auf der Heimreise mag er überlegt haben, wohin seine berufliche Reise gehen mag. Professionelle Haute Cuisine, Kunsthandwerk in der Champions League? Oder traditionelle Hausmannskost, Handwerksküche in der Regionalliga?
Er hat in London gelernt, nach den Kriterien der internationalen Gourmetkritiker verführerische Teller mit exotischsten Zutaten anzurichten, in Frankreich hat er sich angeeignet, den Fischen in die Augen zu sehen, ihre Frische zu erkennen und sie dann erst zu filetieren, oder ein ganzes Reh aus der Decke zu zerwirken, oder auch die Stärke des frischen Gemüses in den Blättern zu spüren, bevor er es kocht, um seinen Nährwert und gesunde Eigenschaften zu erfassen. Bestimmt von diesen Erfahrungen kommt er zurück und entschließt sich schon bald, nach den althergebrachten Kriterien, wie er sie in dem kleinen Restaurant L'Hermitage gesehen hat, auch Zuhause zu kochen.

Eine neue (alte?) Küchen-Philosophie

»Etwas Warmes braucht der Mensch – Maggi«. Das ist der Werbeslogan des Singener Lebensmittel-Unternehmens in den 70er-Jahren. In jedem Haus flimmert jetzt das Fernseh-Werbeprogramm. Die Hausfrauen greifen zu Tütensuppen, Soßenwürfel und Fertigprodukten. Hinter den verschlossenen Küchentüren der Restaurants sind die Profi-Köche längst die ersten Nutzer der neuen Convenience-Welt. »Innovative Produkte« werden die Soßenpulver oder Fertiggerichte ge-

nannt. Auf den Gastronomie-Messen wie der HOGA oder der Internorga werden jährlich neue Fertigprodukte vorgestellt. Der Umsatz steigt rasant an.
Hubert Neidhart hat die Anfänge der Convenience-Küche in den feinsten Gourmetküchen kennengelernt. »Man kann sich auf das Wesentliche, das Kochen konzentrieren!«, schreibt er anfangs begeistert aus London, aber schon bald gewinnt die Erkenntnis Oberhand: »Ich sah, wie die Seele der Lebensmittel verschwand«.
»Als Kind der Höri, und erst recht als Gastwirtssohn, hatte ich bereits von Kindheit an ein ganz besonderes Verhältnis zu den Agrarprodukten unserer Gegend. In meiner Jugend bedeutete dieses Verhältnis meist Arbeit. Fische, Gemüse, Wild und Fleisch, alles was Feld, Flur und See hergaben, kam naturbelassen ins Haus und musste in mühsamer Handarbeit verarbeitet werden.«
»Doch genau diese Mehr-Arbeit schafft auch den Mehr-Wert für den Koch und seine Gäste«, sagt er heute. »Dieses innige Verhältnis als Koch zur Landschaft und Leuten, zu den Ernten der Bauern, dem Fang der Fischer und dem erlegten Wild der Jäger, dies ist die Verantwortung des Kochs!«

Mit der Übernahme der Küche im Grünen Baum postuliert der junge Küchenchef seine Küchen-Philosophie:

1. Die Lebensmittel werden unkompliziert, wenn auch zeitgemäß, zubereitet.

2. Die Gerichte und Getränke sind ein Spiegelbild des regionalen Marktangebotes und unserer Landschaft.

3. Die Küche verwendet nur die in der Region gewachsenen Lebensmittel. Die besten Lebensmittel sind die in der Region ökologisch gezüchteten.

Was zählt, sind alleine der Geschmack und die Beschaffenheit der Lebensmittel. Vieles von dem, was Hubert Neidhart 1980 fordert, klingt wie ein Festhalten an Gestern. Vermutlich hätte sein Opa Wendelin Maier daran Gefallen gefunden. Doch heute sind die alten Küchenweisheiten wieder von vielen Gästen gefragt. Bio-Siegel und Slow-Food-Auszeichnung beruhen auf althergebrachten Produktionsmethoden, garantieren unverfälschten und gesunden Genuss und sind nicht erst in den Zeiten des erkannten Klimawandels »in«.

Seit 1977 ist Hubert Neidhart der Küchenchef im Grünen Baum, seither wird nur noch nach seinen Kriterien eingekauft und gekocht.
Das macht den Grünen Baum bald einzigartig!

Neue Identität und Freundeskreis

Der Erfolg stellt sich nicht über Nacht ein, regionale Küche ist noch kein Verkaufsschlager. Doch immer weiter spricht sich herum, dass der Grüne Baum mit seiner autarken Küche, mit Vorliebe für frischgefangenen Bodenseefisch und Höri-Gemüse, sich zu einem beliebten Treffpunkt für Feinschmecker einer traditionellen, aber weltoffenen Landgasthausküche mausert.

»Ein Ausflugsziel für bürgerliche Genießer«, schreibt Horst Winkelmann, ausgezeichneter Küchenchef auf der Insel Reichenau und Gourmetkritiker für die Regionalzeitung Südkurier Anfang der 80er-Jahre. »Hubert Neidhart hat sicher einen guten Riecher gehabt und die Zeichen der Zeit verstanden, als er daran ging, die satte Bäuerlichkeit zu verfeinern. Seine Gäste, die allenfalls die Nase in den Seewind stecken, sind der ländlichen Hausmannskost entwöhnt. Man erwartet Bodenständigkeit mit Pfiff, handwerklich fundierte Ideen mit durchaus sättigendem Nebeneffekt.«

Bodenseestand Slow Food Messe, Stuttgart

Hubert Neidhart wird zum grünen Aushängeschild der weißen Köchezunft.

Zehn Jahre nach Hubert Neidharts neuer Ausrichtung der Küche des Grünen Baums, gründet Carlo Petrini in Italien 1986 Slow Food. Vieles, was Petrini predigt, setzt Hubert Neidhart in Moos längst um. Man könnte meinen, Petrini habe Neidharts Küchenphilosophie übernommen. Kein Wunder, dass Hubert Neidhart im Jubiläumsjahr 2023 Chef de Alliance von Slow Food ist. Zuvor hatte Hubert Neidhart sich schon dem Ehrenkodex der Euro-Toques verpflichtet. »Dabei geht es immer darum: gute, saubere und faire Lebensmittel zu fördern und den Projekten konkrete Hilfe zur Bewahrung der lokalen Kultur und biologischen Vielfalt der Lebensmittel zukommen zu lassen. Denn all das gehört zum gastronomischen Allgemeingut, das überall auf der Welt erhalten werden muss.«

Im nahen Radolfzell sitzen die Vogelschützer und die Deutsche Umwelthilfe. Das Ziel von Jürgen Resch, Bundesgeschäftsführers der Deutschen Umwelthilfe, ist es, den Bodensee zu einer ökologischen Vorzeigeregion zu machen. Dazu passt Neidharts kulinarisches Profil, als Ökofreak ist er längst bekannt. »Vergessene Genüsse« heißt eine erfolgreiche Fernsehserie des SWR, in der der Koch des Grünen Baums immer wieder seine Philosophie verkünden kann.

Welssteak mit Mairüben und Emmer Cous Cous
Chefallianz Restaurant, Slow Food Messe, Stuttgart

Hubert Neidhart wird zum grünen Aushängeschild der weißen Köchezunft. Er erkennt seine Verantwortung als Koch und lässt sich zu gemeinsamen Aktionen von Slow Food und Umweltschützern einspannen. Dabei serviert er Bundesumweltminister Klaus Töpfer, und auch im Schloss Stuttgart dem Ministerpräsidenten und Landespolitikern, verführerische Bodensee-Canapés, um die Bodenseestiftung für Natur und Kultur zu unterstützen.

I. KÜCHENFEST

__1986:__ Das erste Küchenfest anlässlich der Eröffnung der neuen Küche. Gekocht haben ehemalige Kochkollegen – acht Köche – acht Gänge. Die Band »Schlege Kings« hat sich daraus formiert.

Die Band »Schlegele Kings« entstand durch das Engagement bei den Küchenfesten. Mittlerweile eine »Institution« – wir feiern das 45. Jubiläum!

MINIKÖCHE

Unser Engagement bei »Die Miniköche« und »Der Eintopf der 100 Zwerge«

FRÜHLING AUF DER HÖRI

MARKTSCHEESÄ MIT SOMMERGEMÜSE

HERBSTVIELFALT

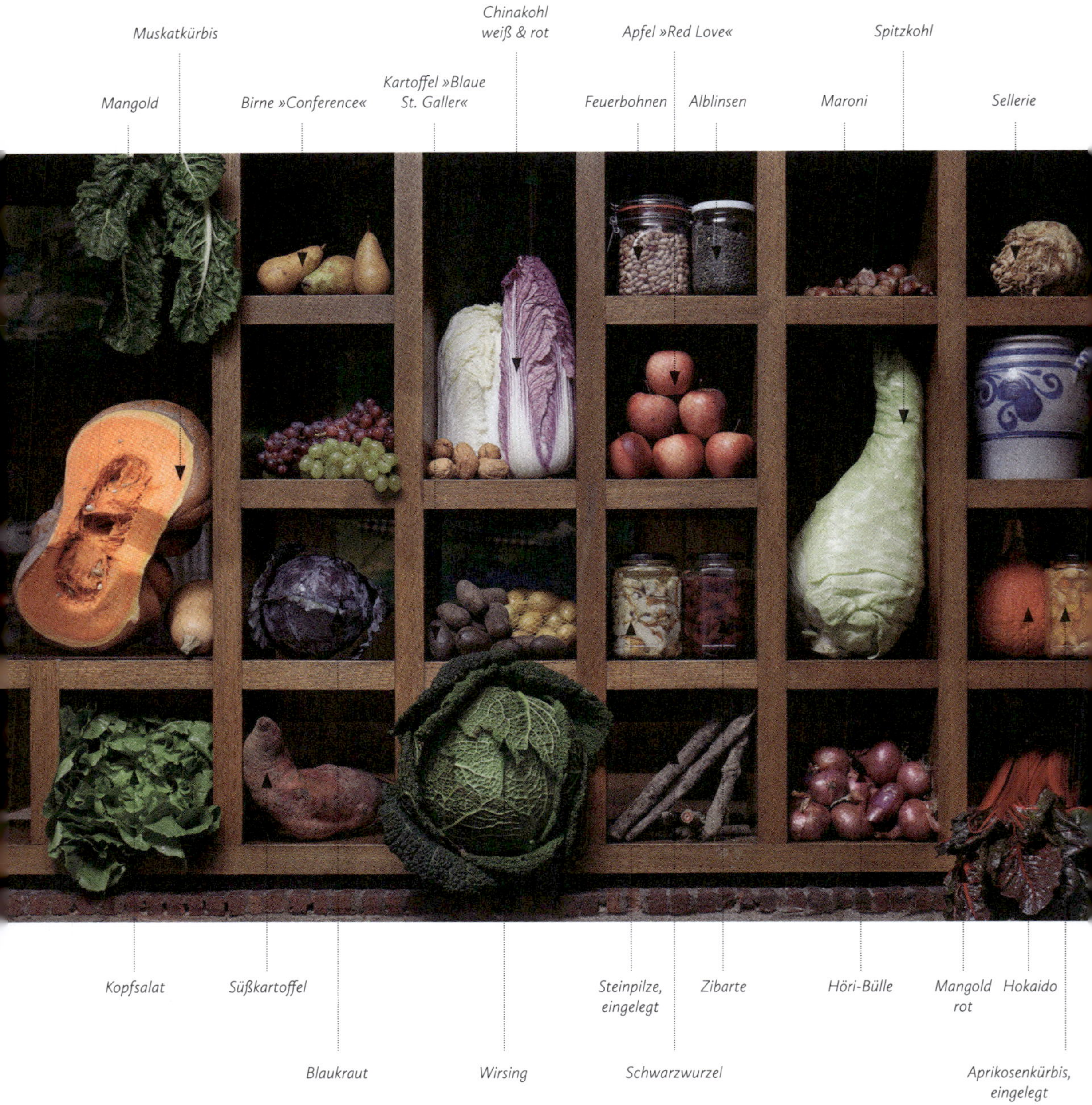

SALAT VON HOKAIDO-KÜRBISSEN MIT MARONEN UND EINGELEGTEN STEINPILZEN

ZUTATEN FÜR 4 PERSONEN

- *500 g Hokaido-Kürbis mit Schale*
- *1 TL Ingwer (20 g), gerieben*
- *1 TL Chilischote (20 g), feingehackt*
- *150 g Maronen, geröstet*
- *200 g Ziegenkäse*
- *60 ml kaltgepresstes Kürbisöl*
- *60 g geröstete Kürbiskerne*
- *160 g eingelegte Steinpilze*
- *Höri-Salz*
- *Pfeffer*

Für das Dressing

- *80 ml Himbeeressig*
- *80 ml kaltgepresstes Rapsöl*
- *Höri-Salz*
- *Pfeffer*

ZUBEREITUNG

Hokaido vierteln und entkernen, dann raspeln, salzen und pfeffern.
Kurz ziehen lassen und dann den Saft des Kürbisfruchtfleisches auspressen.
Das Kürbisfruchtfleisch mit Ingwer und Chili vermengen.
Die gerösteten Maronen halbieren, den Ziegenkäse in kleine Würfel schneiden und beides unter das Kürbisfleisch mengen.
Für das Dressing alle Zutaten miteinander vermengen.
Den Salat mit Dressing anmachen und abschmecken.
Auf Tellern anrichten und mit dem kaltgepressten Kürbisöl beträufeln.
Mit Kürbiskernen bestreuen.
Mit den eingelegten Steinpilzen garnieren.

MIETENGEMÜSE

WINTERVERSION

CARPACCIO VOM MIETENGEMÜSE

ZUTATEN FÜR 4 PERSONEN

- *1 kg Mietengemüse (z.B. je 1 gelbe, violette und orange Karotte, 1 Rote oder gelbe Bete, 1 Sellerie und 1 Pastinake)*
- *1 Höri-Bülle*
- *12 Rosenkohlröschen*
- *Öl zum Braten*
- *geröstete Kürbiskerne oder Walnusskerne*
- *100 g Ziegenkäse, gerieben*
- *1 gebeiztes Eidotter (siehe Seite 31)*

Für das Dressing

- *0,1 l kaltgepresstes Rapsöl*
- *0,05 l Rotweinessig*
- *0,05 l naturtrüber Apfelsaft*
- *grobes Höri-Salz*
- *schwarzer Pfeffer*

ZUBEREITUNG

Alle Gemüse in dünne Scheiben schneiden oder hobeln.
Die Höri-Bülle in Sechstel schneiden und die einzelnen Lamellen ausbrechen.
Vom Rosenkohl die einzelnen Blätter ausbrechen und das Herzstück halbieren.
Alles auf dem Grill oder in der Pfanne mit wenig Öl grillen.
Ein paar Tropfen Wasser darübertröpfeln.
Für das Dressing Rapsöl, Rotweinessig und Apfelsaft mit Höri-Salz und Pfeffer vermengen.
Das Gemüse auf den Tellern anrichten und mit dem Dressing beträufeln.
Höri-Salz und schwarzen Pfeffer darübermahlen.
Ziegenkäse, gebeiztes Eidotter darüberraspeln und geröstete Kürbiskerne darüberstreuen, fertig.

KREBSBUTTER À LA GRÜNER BAUM

ZUTATEN FÜR 2 KG BUTTER

- *500 g Krebskarkassen (z. B. von Kamberkrebsen und Flusskrebsen)*
- *Röstgemüse in je gleicher Menge (z. B. Karotten, Sellerie, Pastinaken, Lauch und Höri-Bülle), in Würfel geschnitten*
- *etwas Öl zum Anrösten*
- *2 Lorbeerblätter*
- *4 Wacholderbeeren*
- *2 Nelken*
- *1 Sternanis*
- *1 Knolle Knoblauch*
- *1 Chilischote*
- *2 kg Butterschmalz*
- *50 g süßes Paprikapulver*
- *Höri-Salz*
- *Pfeffer*

ZUBEREITUNG

Die Krebsschalen mit einem Mörser leicht zertrümmern und auf einem Blech im Ofen bei 180 °C knusprig rösten.
Das Gemüse in einer Pfanne in etwas Öl anrösten.
Die gerösteten Krebsschalen zum Gemüse geben.
Kurz weiterrösten und Gewürze dazugeben.
Das Butterschmalz darin zergehen lassen.
8 Stunden bei schwacher Hitze ziehen lassen.
Über Nacht ohne Wärmezufuhr ruhen lassen.
Am Folgetag wieder aufkochen und Paprika einstreuen.
Noch mal 6 Stunden bei schwacher Hitze ziehen lassen.
Mit Höri-Salz und Pfeffer abschmecken.
Durch ein Passiertuch passieren.
Kaltstellen oder in Weckgläser abfüllen und sterilisieren. So bleibt die Krebsbutter über 1 Jahr haltbar.

DIE WEISHEIT MIT DEM LÖFFEL …
Krebsbutter *aus Süßwasserkrebsen ist als Höri-Gold im Grünen Baum-Lädele erhältlich oder im Feinkostgeschäft als Krebsbutter.*

BOQUERONES AUS ROTAUGEN

»Rotaugen schmecken am besten, nachdem sie durch den Magen des Hechtes gegangen sind« ist ein beliebter Ausspruch der Bodenseegourmets und Bodenseefischkenner. Erst durch den drastischen Rückgang der Felchenbestände im Bodensee schenkten die Gastronomen und Fischer den Bodenseefischen mehr Aufmerksamkeit. So wurde das Rotauge in der Sommersaison 2022 als Bodenseeboquerone zum Sommerhit auf der Küchenterrasse des Grünen Baums.

ZUBEREITUNG

Höri-Salz, Weißweinessig, Apfelsaft und Knoblauch zu einer Lauge vermengen.
Eine viereckige Form zur Hand nehmen, in der die Rotaugenfilets in 4 Lagen übereinander gelegt werden können.
Den Formboden mit einem Fünftel der Lauge befeuchten.
Die erste Lage Rotaugenfilets, circa 20 Filets, einlegen.
¼ der Lauge darauf geben und die Filets damit bestreichen.
Die zweite Lage Rotaugen darauf legen.
Mit dem dritten Viertel der Lauge bestreichen.
Die restlichen Rotaugen in zwei weiteren Lagen gleichermaßen einsetzen.
So abgedeckt im Kühlschrank 1 Tag stehen lassen.
Am 2. Tag die Boquerone aus der Form stürzen und umgekehrt wieder einfüllen.
Dasselbe am 3. Tag wiederholen.
Am 4. Tag die Boquerone in eine gleichgroße Form umlegen und jede Schicht mit Petersilie bestreuen und mit Rapsöl beträufeln.
Fertig.

ZUTATEN FÜR 10 PERSONEN

- *200 ml Weißweinessig*
- *50 ml naturtrüber Apfelsaft*
- *5 Knoblauchzehen*
- *2 kg Rotaugenfilets mit Haut (kleines Kaliber à circa 25–30 g)*
- *50 g Petersilie*
- *100 ml kaltgepresstes Rapsöl*
- *100 g Höri-Salz*

DIE WEISHEIT MIT DEM LÖFFEL …
*Die **Boquerone** können im Kühlschrank bis zu 4 Wochen aufbewahrt werden.*
Die Rotaugen eigenen sich auch hervorragend zur Zubereitung von Bodenseematjes.

GETROCKNETER HECHTROGEN (HECHTBORTAGA)

Bortaga nennen die Sarden den Laichstrang der Meeräsche, den sie in der Sonne mit Salz trocknen. In der sardischen Küche findet er vielfach gemahlen oder gehobelt Verwendung. Unsere lokale Antwort darauf ist die Hechtbortaga, die aus Hechtrogen gewonnen wird.

ZUBEREITUNG

Alle Gewürze mit der Höri-Bülle in Wasser aufkochen.
Erkalten lassen.
Die Laichstränge in die Lauge legen und 3 Tage bedeckt im Kühlschrank ruhen lassen.
Am dritten Tag die Laichstränge aus der Lauge herausnehmen und abtropfen lassen.
Im Ofen bei 65 °C solange trocknen, bis sie durchgetrocknet sind.
Je nach Festigkeit reiben oder feinhobeln.

DIE WEISHEIT MIT DEM LÖFFEL ...
Statt im Ofen zu trocknen, kann man die Stränge auch räuchern.
***Hechtbortaga** ist im Grünen Baum-Lädele als gemahlener Hechtrogen erhältlich und eignet sich ideal zum Würzen von Pasta, Soßen und auf dem Butterbrot.*

HECHTKAVIAR

Die bekannteste Art, Fischrogen kulinarisch zu verwenden, ist die als Kaviar.

ZUBEREITUNG

Die Laichstränge aufschneiden.
In eine Schüssel mit viel Wasser geben.
So lange im Kreis rühren, bis sich die einzelnen Eier vom Strang lösen.
Die gelösten Eier durch ein Sieb von Sehnen und Strang trennen, sodass die Eier unverletzt in eine untere Schüssel gespült werden und Sehnen und Strang im Sieb zurückbleiben.
Den passierten Rogen (Eier) gut abtropfen lassen (bis zu drei Stunden).
Dann den Rogen mit 4 % Salz und 2 % Zucker des Rogengewichts marinieren.
Kurz einziehen lassen.
Nach kurzer Zeit ist der Rogen verzehrfähig.

DIE WEISHEIT MIT DEM LÖFFEL ...
*Der **Hechtkaviar** ist gesalzen und gekühlt bei 2 °C bis zu 4 Wochen haltbar.*

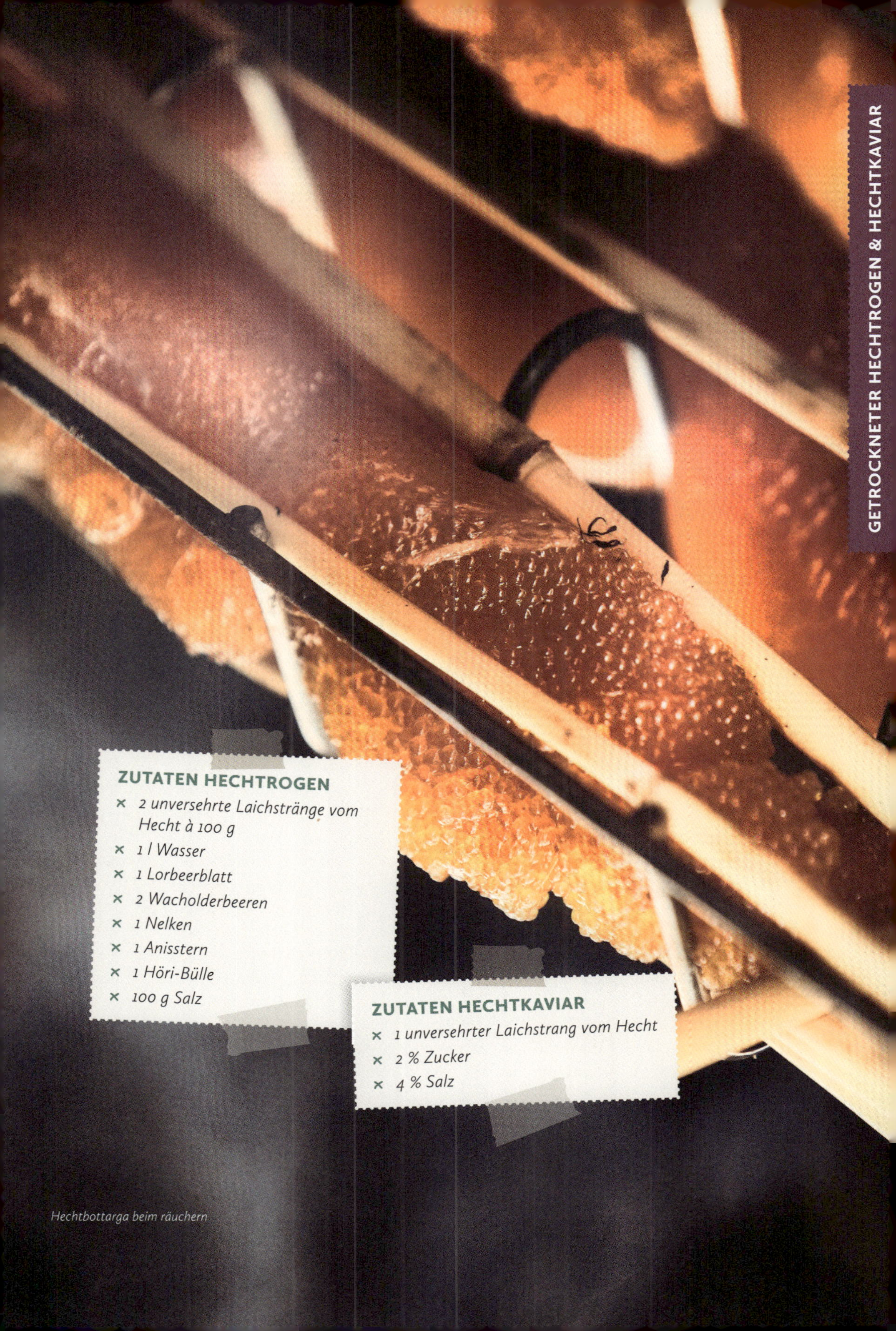

ZUTATEN HECHTROGEN

- 2 unversehrte Laichstränge vom Hecht à 100 g
- 1 l Wasser
- 1 Lorbeerblatt
- 2 Wacholderbeeren
- 1 Nelken
- 1 Anisstern
- 1 Höri-Bülle
- 100 g Salz

ZUTATEN HECHTKAVIAR

- 1 unversehrter Laichstrang vom Hecht
- 2 % Zucker
- 4 % Salz

Hechtbottarga beim räuchern

Höri-Bülle-Sud als Basis für vegetarische Gerichte

Der Kampf für die Bülle

Regionale Küche geht nur mit regionalen Produzenten, sprich Züchtern und Bauern. »Ich sah, wie eine ganze Region durch ihre Produkte ein ganz eigenes Profil bekommen kann«, zeigt sich Hubert Neidhart nach seiner Frankreichtour begeistert. Champagner zum Beispiel darf nur aus Trauben hergestellt werden, die nach streng festgelegten Regeln im Weinbaugebiet Champagne gelesen werden. »So ist es jetzt auch mit unserer Bülle«, sagt er stolz, »auch sie ist jetzt mit einem EU-Patent amtlich geschützt und kann nur bei uns auf der Höri geerntet werden.«
Angefangen hat der Kampf für den amtlichen Schutz dieser kleinen Zwiebel tatsächlich im Grünen Baum. Hubert Neidhart hat seine »Slow Food«-Kollegen eingeladen und ihnen die Bülle präsentiert. Da ihre Zucht einer besonderen Pflege bedarf, ist die Bülle nach über tausend Jahren auf der Höri vom Aussterben bedroht. Slow Food hat die Bülle kurzerhand auf ihrer Arche aufgenommen, um ihr Überleben zu garantieren, das war der Startschuss. Danach erarbeitet Hubert Neidhart mit dem Konvivium Bodensee von Slow Food und dem Landwirtschaftsamt Stockach gemeinsam eine Spezifikation, um die Einmaligkeit der Bülle zu definieren und amtlich zu dokumentieren.

Zwiebeln kennt man weltweit. Kein einfacher Wurstsalat, oder raffinierter Reichenauer Salat mit Felchen nach Matjes Art schmeckt ohne die herzhafte Würze und die erfrischende Schärfe einer Zwiebel. »Aber Chef, mit unserer Bülle schmeckt alles noch viel besser!«, korrigiert der 15-jährige Kochlehrling Hubert aus Moos seinen strengen Küchenchef im noblen Inselhotel in Konstanz in den 70er-Jahren. Damals hatte die alte Zwiebelart Bülle noch kein Standing am See, heute hat sie eine Renaissance erlebt und ist der Star aller Bodensee-Zwiebeln. Bei den Römern zählten Zwiebeln zu den Grundnahrungsmitteln. Römische Legionäre waren es auch, die die »cepula« – woraus über mittelhochdeutsch »zwibolle« letztlich das deutsche Wort »Zwiebel« wurde – als eine der ältesten Kulturpflanzen an den See brachten. Auf der Höri, am westlichen Teil des Bodensees, wurde alemannisch aus »cepula« Bulla oder heute eben Bülle.

»Nein!«, wirft Hubert Neidhart sofort ein, »Unsere Bülle ist eine ganz spezielle Zwiebel. Eine rote Speisezwiebel, die nur bei uns auf der Bodensee-Halbinsel Höri angebaut wird.« Seit 2014 hat er dies alles amtlich, seither steht die Höri-Bülle unter EU-Schutz.

Der Gemüse- und Zwiebelanbau auf der Höri geht bis ins zehnte Jahrhundert zurück und ist durch die Geschichtsschreiber des Klosters Reichenau dokumentiert. Ein Heidengeschäft ist es heute noch, diese Höri-Bülle anzupflanzen, denn Industriesamen, wie für viele andere Zwiebelarten gibt es nicht. »Den Samen müssen wir jedes Jahr selbst aus den Blüten gewinnen«, erklärt Regina Duventäster, Gemüsegärtnerin auf der Höri. Die Industrie sieht kein Geschäft darin, Bülle-Samen zu ziehen.
Ähnlichkeiten mit der kleinen roten Höri-Bülle will Hubert Neidhart vor Kurzem bei Zwiebeln in Südspanien erkannt haben, die die Sterneköchin Sarah Wiener in einer Dokumentation

in Arte vorstellte. »Das kann schon sein, dass die Missionare und Klosterbrüder unsere Höri-Bülle von dort mitbrachten«, sagt er überzeugt, »die Zwiebeln sahen genauso aus, und Sarah Wiener hat sie genauso beschrieben: Klein, fein, würzig, aber nicht zu scharf!«

Seit Jahren hat die Bülle sogar einen eigenen Festtag auf der Höri. Der ehemalige Bürgermeister Alois Keller sucht während der Gemeindereform eine Gemeinsamkeit für die Orte Bankholzen, Iznang, Moos und Weiler und findet die Bülle. Seither werden jeden ersten Sonntag im Oktober frisch geerntete Zwiebeln sauber herausgeputzt, ihr Laub kunstvoll geflochten und in langen Zöpfen zusammengebunden. Mit dunkelroten Köpfen verführen sie die Genießer zum Kauf.

Lilli und Hubert feiern ihr eigenes Büllefäscht

Diana Duventäster ist die Juniorchefin der Gärtnerei in Moos und Betriebsleiterin, sie achtet auf die wirtschaftliche Rendite der Gärtnerei. »Lohnen tut sich das alles nicht«, rechnet sie vor. Trotzdem will auch sie in der fünften Generation als Gärtnermeisterin weiterhin im Winter den Büllensamen aus den Dolden reiben und im Märzen säen. »Das gehört zu unserem Erbe als Höri-Gärtner!«, lacht sie.

Er kauft jedes Jahr säckeweise die Büllen.

Auf Hubert Neidhart kann sie sich verlassen.

... und für den Wildfang vom See

»Köche wie Hubert Neidhart müsste es mehr geben«, sagt Bodenseefischer Wilhelm Böhler aus Hemmenhofen am Untersee. Meist fährt er abends auf den See, setzt die Netze und sieht am nächsten Morgen darin seinen Fang. »Der Hubert nimmt jeden Fisch, der schreit nicht immer nur nach Felchen, dem kann ich auch eine Schleie oder Karpfen bringen, oder sogar ein paar Rotaugen.«
Hubert Neidhart gilt längst als der Bodensee-Fischpapst. Es gibt kein Lebewesen im Bodensee, mit dem er nicht schon versucht hätte, es zu einer Delikatesse zuzubereiten. Vor Jahren schon hat ihn die ehrwürdige Schweizer Tafelgesellschaft zum Goldenen Fisch für seine Kochkunst geehrt.
Die Gründer haben im selbstgeschaffenen »Gesetz« festgelegt, dass es ihnen in erster Linie darum geht, die Fischkochkunst im Gastgewerbe landauf, landab zu fördern. »Insbesondere soll den edlen Fischen aus unseren heimischen Gewässern die gebührende kulinarische Ehre angetan werden. Das Ziel wird durch die Auszeichnung von Gaststätten mit hervorragender Fischküche zu erreichen versucht. Einem solchen Restaurant wird die blaue Tafel mit dem goldenen Fisch-Signet verliehen.«

La Lotte d'eau douce

Auch die Gäste können sich auf ihren Patron im Grünen Baum verlassen. Wer hier einkehrt und Felchen bestellt, möchte garantiert echte Bodensee-Felchen genießen. Das ist nicht in jedem Gasthaus rund um den Bodensee gesichert, bei Hubert Neidhart aber auf jeden Fall! Wenn er keine Felchen hat, bietet er Seeforelle, Hecht oder Trüsche an – auf jeden Fall ist jeder Fisch, der im Grünen Baum serviert wird, ein Bodenseefisch.
Wilhelm Böhler macht aus seiner Wut und Verzweiflung keinen Hehl. Zu den dürftigen Felchenfängen in jüngster Zeit stoßen ihm schon immer die fraglichen Angebote verschiedener Restaurants auf, die Bodenseefisch auf ihre Karte schreiben, aber bei keinem seiner Fischerkollegen vom See Fisch beziehen. Hubert Neidhart hat deshalb die Gründung einer Schutzgemeinschaft angeregt. Der neue Verein Schutzgemeinschaft Bodenseefisch vergibt seit 2022 an seine Mitglieder das Siegel Wildfang Bodensee. Das sorgt jetzt mit Brief und Siegel für Ehrlichkeit und Klarheit auf dem Markt und auch in den Restaurants.
Bisher hatte die rechtliche Handhabe gefehlt, Betrügereien wie, den Verkauf von polnischen Felchen als Bodenseefelchen anzubieten, der Polizei zu melden. Mit der nun von der EU amtlich genehmigten Schutzmarke Wildfang Bodensee ist jede Falschauszeichnung eine Straftat.
Hubert Neidhart betätigt sich in seinem Grünen Baum als Fischflüsterer und rät seinen Gästen, doch bitte auch mal andere Fische als die begehrten Felchen zu probieren. Er hat auch Karpfen oder Wels auf seiner Speisekarte stehen, je nach Tagesfang seiner Fischer. »Festes Fleisch vom Wels, gut gebraten, ist eine schmackhafte Alternative, statt Flugzander aus Osteuropa«, versucht er seine Gäste zu überzeugen. Neidhart hält den Bodenseefischen auf jeden Fall die Treue, anonyme Importfische gab es im Grünen Baum noch nie!

VITELLO TINCA TINCA

ZUTATEN FÜR 4 PERSONEN

- *300 g Schleienfilets ohne Haut*
- *0,1 l Gewürzreduktion (siehe Seite 54)*
- *0,05 l Wasser*
- *200 g Blitz-Mayonnaise (Sauce Rouille ohne Knoblauch und Chili) (siehe Seite 117)*
- *Zitrone*
- *400 g magerer Kalbsbraten*
- *100 g Kapern*
- *Salz*
- *Pfeffer*

Tinca Tinca ist die italienische Bezeichnung für Schleie, ein kaum beachteter Bodenseefisch, dessen Popularität der 2021 gegründete Verein Bodensee Fisch e. V. fördern möchte. Vitello Tonnato, Kalbsbraten und Thunfischsauce, ist eines von vielen italienischen Volksgerichten, die es zu Weltruhm gebracht haben und einer der Gründe, warum Thunfisch weltweit überfischt ist. Dem Mythos zufolge ist das Gericht einer sparsamen italienischen Mama zu verdanken, die einen übrig gebliebenen Sonntagsbraten am folgenden Montag zu einem kalten Vesper wandelte, indem sie das kleine Stück Braten durch eine kräftige Fischsauce zu einer üppigen Mahlzeit zauberte. Das müsste doch auch mit der Schleie funktionieren, dachte Hubert Neidhart und verwandelte Vitello Tonnato zu Vitello Tinca Tinca.

ZUBEREITUNG

Die Schleienfilets in eine Auflaufform legen.
Mit der Gewürzreduktion und Wasser übergießen.
Im Offen bei 120 °C um die 10 Minuten dünsten.
Gartest: die Gräten im Rückenteil des Filets sollten mit der Pinzette leicht herausziehbar sein. Das Filet kann ruhig dabei zerrupft werden.
Den beim Dünsten entstanden Fond durch Kochen in einem kleinen Topf um die Hälfte reduzieren.
Den reduzierten Fond zu dem zerrupften Fischfleisch geben.
Beides im Mixer oder Moulinex (Cutter) feinmixen.
Zur Sicherheit, dass keine Gräten mehr vorhanden sind, durch ein nicht zu feines Haarsieb treiben.
Diese Masse mit der Mayonnaise vermischen.
Mit Salz, Pfeffer und Zitrone abschmecken.
Den Kalbsbraten dünn aufschneiden und auf einer Platte auslegen.
Mit der Sauce komplett überstreichen und mit den Kapern bestreuen.

2022: *Kapitaler Wels aus dem Untersee – 12 kg | 1,50 Meter | 24 Steaks*

»Festes Fleisch vom Wels, gut gebraten, ist eine schmackhafte Alternative, statt Flugzander aus Osteuropa.«

HÄPPCHEN …
BELCHEN ODER FELCHEN

Auf der Speisekarte steht »Belchenbrüstle und -leber«. Belchen, der kleine schwarze Wasservogel mit seiner auffallenden weißen Blesse über dem Schnabel – deshalb auch Blesshuhn genannt –, wird seit Menschengedenken auf dem See gejagt. Dagegen sprechen auch heute noch keine Schutzgesetze, denn von den Belchen gibt es wahrlich genügend am Bodensee. Warum also sollte sich Hubert Neidhart nicht an die alte Tradition halten und Belchenbrüstchen servieren?

Doch schlagartig ist es ihm doch nicht mehr ganz so wohl in seiner Haut. Denn da stehen plötzlich einige Mitglieder der Vogelwarte Radolfzell in seinem Restaurant und begutachten seine Speisekarte. Einer von ihnen fragt: »Was sind denn das? Belchenbrüstle?« – Sein Kollege korrigiert wissend: »Du meinst Felchenbrüstle!«

Hubert Neidhart lacht. »Kennt der keine Felchen?«, sagt er schlagfertig und sammelt die ausgelegten Speisekarten schnell – mit der Ausrede – ein: »Ich muss ja noch für euch neue Karten mit den Tagesangeboten schreiben.«

5. GENERATION

HÄPPCHEN …
DER FISCHMANN

Er steht nicht gleich für jeden sichtbar in einer kleinen Nische im historischen Teil des Restaurants. Überdimensional groß ist der Fisch, den sich der »Fischmann« vor seinen Bauch hält. Der Künstler Robert Seyfried (23. März bis † 2. Mai 1991 in Singen) hat diesen »Fischmann« für den Grünen Baum produziert. Nachdem er die Renovierung des Gasthauses mit Huberts Vater, Gottfried Neidhart, abgeschlossen hatte, nannte er ihm den Preis. Huberts Vater winkt entrüstet ab, viel zu teuer. Robert Seyfried lässt sich auf keinen Handel ein und nimmt sein Kunstwerk mit.*

Gottfried Neidhart aber hatte Gefallen an dem Werk gefunden. Als Narrenpräsident der Mooser Rettich-Zunft kennt er einen Maskenschnitzer, der ihm den »Fischmann« nachmachen soll. Hubert Neidhart übernimmt den Grünen Baum und sieht die Kopie des angemalten Holz-Fischmannes täglich. Dumm nur, dass er das mit raffiniertem, künstlerischem Schwung gegossene Original kennt. Irgendwann hat er Genug von diesem Vergleich und fährt zu der Ehefrau Seyfrieds, er selbst ist schon tot.

Wer den in Bronze gegossenen »Fischmann« Seyfrieds sieht, versteht Huberts Achtung vor dem Kunstwerk. Fisch wie Fischmann bestechen beide mit stolzen Dimensionen und einer selbstsicheren Arroganz. Mit seinem künstlerischen, plastischen Formgefühl zeigt der Bildhauer die schleichende Symbiose eines Fischers zu seinen Fischen, oder eines Fischkochs zu seinem Fisch. Das mag der Grund sein, warum es dieser »Fischmann« Hubert Neidhart so angetan hat.

Neidhart hält den Bodenseefischen auf jeden Fall die Treue, anonyme Importfische gab es im Grünen Baum noch nie!

Wilhelm Böhler, Hemmenhofen,
Hauslieferant seit zwei Generationen

WILDFANG BODENSEE

WELSKOTELETT MIT GEGRILLTER ARTISCHOCKE

Welse können bis zu 70 Kilogramm schwer und 2,50 Meter lang werden. Mit Hecht, Zander und Seeforelle gehören sie zu den großen Raubfischen im Bodensee.
Ob als ganzer Fisch oder als Steak, die großen Gräten lassen sich einfach aussortieren.

ZUTATEN FÜR 4 PERSONEN

- *4 violette Artischocken*
- *1 Zitrone*
- *1 Höri-Bülle*
- *1 rote Paprika*
- *1 gelbe Paprika*
- *2 Knoblauchzehen*
- *½ Chilischote*
- *4 Welskoteletts (300 g) oder Hechtsteaks (250 g)*
- *etwas Mehl*
- *Sonnenblumenöl zum Anbraten*
- *4 Cocktailtomaten*
- *Rotweinessig*
- *Höri-Salz*
- *schwarzer Pfeffer*

ZUBEREITUNG

Den Artischockenstiel nach unten hin schälen. (Den Stiel nach unten hin 3–5 cm schälen, bis der Stiel holzig wird.)
Die Artischockenblätter um den Boden herum abschneiden, bis die Blätter gelb und zart werden.
Die Artischocke mit Stiel der Länge nach halbieren.
Sollte es einen Heuansatz im Innern geben, diesen herauskratzen.
In Zitronenwasser legen und beiseite stellen.
Höri-Bülle schälen, in Sechstel schneiden.
Paprika halbieren, entkernen und in Achtel schneiden.
Knoblauch schälen und kleinhacken, Chili entkernen und in kleine Würfel schneiden.
Welskoteletts salzen und von allen Seiten mit Mehl bestäuben.
In einer Pfanne mit etwas Sonneblumenöl von allen Seiten anbraten.
Zu den Welskoteletts die Artischocken, Paprika, Chiliwürfel und den Knoblauch geben und mit anbraten.
Höri-Bülle-Ecken und Cocktailtomaten etwas später dazugeben und weiterbraten.
Welskoteletts, sobald sie gar sind (wenn die Wirbelsäule grau statt rot ist), herausnehmen und warm stellen.
Einen Tropfen Rotweinessig auf das restliche Gemüse geben, salzen und pfeffern.
Einen Schuss Weißwein dazugeben, kurz durchschwenken.
Mit den Welskoteletts servieren.

SOMMERVERSION

HÖRI-ANTIPASTI

ZUTATEN FÜR 4 PERSONEN

- *Auberginenkaviar (siehe Seite 182)*
- *je 1 rote, grüne und gelbe Paprika*
- *je 1 mittelgroße gelb und grüne Zucchini*
- *4 große Champignons*
- *1 Höri-Bülle oder 1 große Sommerlauchzwiebel*
- *3 Knoblauchzehen*
- *¼ Chilischote*
- *Sonnenblumenöl zum Anbraten*
- *Walnüsse oder Kürbiskerne*
- *Höri-Salz*
- *Pfeffer*

Für das Dressing

- *0,1 l kaltgepresstes Rapsöl*
- *0,05 l Rotweinessig*
- *0,05 l naturtrüber Apfelsaft*

ZUBEREITUNG

Gegrillte Aubergine halbieren, auskratzen und feinhacken.

Paprika und Zucchini in 3 cm große Stücke schneiden.

Champignons und Höri-Bülle vierteln.

Knoblauch kleinhacken und Chilischotte ohne Kerne kleinschneiden.

Alles auf dem Grill oder in der Pfanne mit wenig Öl grillen.

Auf einem Blech mit Küchenpapier abtropfen lassen.

Für das Dressing Rapsöl, Rotweinessig und Apfelsaft miteinander vermischen.

Das Grillgut auf einer Platte anrichten und mit dem Dressing beträufeln.

Grobes Höri-Salz darüberstreuen und schwarzen Pfeffer darübermahlen.

Mit Walnüssen oder geröstete Kürbiskernen dekorieren.

DIE WEISHEIT MIT DEM LÖFFEL ...

Geriebenen Ziegenkäse oder gebeizte Eidotter (siehe Seite 31) darüberreiben.

Hecht
Lotte
(La Lotte d' eau douce)
Trüsche
Kretzer
Blaufelchen
Silberfelchen
Egli

Pike

HUBERTS
FISCH HEIMATKUNDE

Weniger ist mehr.

Weniger Überfischung.
Weniger Zucht.
Weniger Transportwege.

Weniger Zutaten.

Weniger gibt mehr –
für alle.

1977

HUBERT NEIDHART GERICHTE UND GASTRÄUME – WERTIG UND SINNLICH

Wertig und sinnlich sind die Gerichte und der Gastraum. Hubert Neidhart ist kein 0815-Koch, dies gilt auch für die Gestaltung seines Restaurants Grüner Baum. Auf der einen Seite legt er während jeden Umbaus nur behutsam Hand an die alte Bausubstanz an, auf der anderen Seite schafft er trotzdem immer wieder ein völliges neues Flair.

»... immer wieder ein völliges neues Flair.«

Schon kurz nach der Übernahme 1980 gestaltet er das Nebenzimmer neu. Die Außenmaße der ehemaligen »Villa Stein« dürfen nicht verändert werden, aber innen zeigt Hubert Neidhart seine neue Handschrift. Nur das alte Aquarium seines Vaters lässt er zwischen dem alten Gastraum und dem Nebenzimmer stehen, aber aus dem Nebenzimmer wird eine helle, freundliche Fortführung seines Restaurants.

Für das »Neu«-Gefühl sorgen große, helle Fenster. Statt des alten Kunststoffbelags betritt der Gast den Raum nun über kleine, dunkelrote Terracotta-Fliesen. Die Holzvertäfelung ist abgedunkelt. Rötliche, warme Ziegeltöne geben dem Raum eine gemütliche, heimelige Atmosphäre. Es ist der Wohlfühllook der 70er-Jahre.

Vor dem ehemaligen Nebenzimmer haben die Neidharts eine Terrasse angelegt. Mehr Sitzplätze, mehr Raum – der Grüne Baum treibt neue Blüten. Die Krise ist vorbei, Hubert Neidhart hat dem Landgasthof mit seiner absolut regionalen Ausrichtung der Küche neues Leben eingehaucht. Außer ausschließlich Bodenseefisch serviert er nur noch Höri-Gemüse, am liebsten direkt vom Mooser Feld, am besten, wenn er die Fischer wie auch Bauern persönlich kennt.

Zum 125. Jahrestag schreibt der Südkurier: »Erklärtes Ziel des fünften Wirtes der Gastronomen-Dynastie ist die kulinarische Veredelung all der ungezählten gesunden und delikaten Früchte unserer Landschaft. So hochtrabend es auch klingen mag, es trifft zu: Die Speisekarte des Grünen Baums in Moos ist das Produkt fundierten Wissens um die Vorzüge der lokalen und regionalen Erzeugnisse aus Acker, Feld und Stall und kochhandwerklicher Profession.«

Rotes Zimmer im Grünen Baum

Mutig hatte Anfang der 60er-Jahre Hubert Neidharts Vater Gottfried den alten Gastraum mit Robert Seyfried kunstvoll gestaltet. Zum 130. Jahrestag des Grünen Baums legt nun der fünfte Wirt ebenso mutig Hand an und streicht den alten Gastraum rot!
Peter Möhrle ist ein bekannter Künstler aus Radolfzell und Stammgast. Er lobt Huberts Küche über den grünen Klee und wird schon bald sein Freund. Aber täglich will sich die Künstlerseele den vor Jahren gestalteten Gastraum im Grünen Baum nicht antun. Noch war von »to go« keine Rede. Aber Peter Möhrle nahm sein Essen am liebsten mit nach Hause und genoss dort Huberts Gerichte in seinen eigenen vier Wänden. Irgendwann ließ Hubert sich auf den Vorschlag des Künstlers ein, den Gastraum neu zu gestalten.
»Wenn zwei Urgesteine, beide Meister ihres Fachs, ein Projekt gemeinsam anpacken, dann muss etwas Besonderes entstehen«, schreibt der Südkurier im Juli 2002. Hubert Neidhart hatte schließlich Peter Möhrles Drängen nachgegeben und ihn um Vorschläge gebeten. Zwei Jahre lang haben die beiden Freunde über die mögliche neue Einrichtung debattiert und schließlich entschieden: Die Wände werden in warmen Tönen, in Weinrot und Quarzgrau lackiert, die Decke in Hellgrau. Dazu werden filigrane Leuchten des Münchner Designers Ingo Mauer installiert und auch eine neue Bestuhlung muss nach dem Willen Möhrles ebenfalls her.

Zur Neueröffnung hängt an den alten Wänden des Gasthauses von 1873 neues Design des neuen Jahrhunderts. Sieben Grafiken Möhrles schaffen eine moderne, eigenwillige Harmonie in den alten Gemäuern. Und weil doch noch ein Stück des ursprünglichen Charmes des Grünen Baums erhalten bleiben soll, lässt Möhrle die alte Holzdecke und den mosaikähnlichen Fliesenboden unberührt.

Slow Food auf dem See und der Terrasse

Die Entdeckung der Entschleunigung gehört zur Kernphilosophie des »Slow Food«-Gedanken, dafür steht die Schnecke. Zum langsamen Essen gehört auch langsames Wachsen. Gemüse, das unter freiem Himmel wächst, braucht einfach mehr Zeit. Auf dem Tisch stehen eingelegte Bodenseefische, Höri-Salate und ein Höri-Wein. Der Gast hört die Wellen leise an die beiden Bootsrümpfe des Katamaran-Aufbaus schlagen, noch leiser schnurrt ein Elektro-Motor. Langsam und gemütlich spuren zwei schmale Schiffrümpfe durch die Oberfläche des Untersees.

»Das ist die Wiederentdeckung der Langsamkeit«, sagt Hubert Neidhart. Er füllt seine Lieblingsrolle aus. Er ist heute Kapitän. Mit seinem Bruder Klaus hat er das Solarboot gekauft. Die Superlative von schnell, flott und eilig interessieren hier nicht, das Hauptinteresse ist der Geschmack. Auf dem kleinen Deck an einem Tisch erfahren die Gäste: Zeit schmeckt!

Nicht weit vom Boot platscht ein großer Fisch ins Wasser. »Ich habe ihn springen sehen«, ruft ein Gast begeistert und reißt seine Oberarme weit auseinander, als wollte er die Dimensionen eines 2-Meter-Welses zeigen. »Das war ein Hecht«, weiß Hubert Neidhart und zeigt auf den Tisch. Auf einem Teller hat er in Bülle-Vinaigrette Hecht angerichtet. Die Gäste greifen begeistert zu. Sie sitzen im Untersee auf den Bänken des Bodensee-Solarboots, um sie herum tummeln sich die Genüsse, die sie verzehren.

Am Horizont sehen sie die Gemüsefelder, deren Früchte frisch angerichtet vor ihnen stehen.

»Intensiver kann man die Höri-Genüsse kaum erleben.«

BODENSEE-HORS D'ŒUVRE ODER DIE WIEDERENTDECKUNG DER LANGSAMKEIT

»Gut Ding will Weile haben«, sagt ein altes Sprichwort, das auf unser Solarboot in doppeltem Sinne zutrifft. Zum einen durch die lautlose Fortbewegung auf dem Untersee, die die umliegende Landschaft langsam vorbeigleiten lässt, zum andern durch das Essen auf dem gedeckten Tisch des Bootes, dessen Zutaten aus dem Untersee und vom Land ringsum stammen. Gemüse und Obst von der Höri und der Reichenau oder aus traditioneller Fischerei vom Wildfang, die im Zeittakt der Natur gewachsen und gediehen sind. Auch die Zubereitung in der Küche richtet sich nach dem saisonalen Angebot der Unterseeregion und wird in Handarbeit in der Grüner Baum-Küche zubereitet.

KLEINER AUSZUG AUS DEM BODENSEE-HORS D'ŒUVRE

- *Dinkel-Emmer-Brot (siehe S. 86)*
- *Ziegenfrischkäse*
- *Barbendunke (siehe S. 126)*
- *Höri-Salate und Höri-Rohkost*
- *geräucherte Bodenseefische wie Aal, Karpfen und Felchen*
- *Salat nach Art der Mooser Fischerfrau (siehe S. 81)*
- *Höri-Antipasti (siehe S. 166)*
- *Brotsalat (siehe S. 22)*
- *Salat von der Albleisa (siehe S. 71)*
- *Vitello Tinca Tinca (siehe S. 155)*
- *Russische Eier à la mode (siehe S. 116)*
- *gereifter Käse von der Hofkäserei Heggelbach und der Ziegenkäserei vom Höchsten*
- *Topfenmousse mit Rhabarberröster (siehe S. 209)*
- *Weine von der Insel Reichenau und der Halbinsel Höri*
- *Mineralwasser von der Randegger Ottilienquelle*

Bodensee-Hors d'œuvre auf dem Solarboot

DIE WEISHEIT MIT DEM LÖFFEL …

Hors d'œuvre *ist die französische Bezeichnung für ein Vorspeisenbüfett oder einen Vorspeisenteller. Ähnlich der italienischen Antipasti oder der spanischen Tapas werden sie aus verschiedenen kleinen Vorspeisengerichten zusammengesetzt.*

Typische Grüner Baum-Gerichte à la Hubert Neidhart

Würde der Guide Michelin mit seinen Sternen die authentischste Bodenseeküche ehren, dann würde das Restaurant Grüner Baum mit drei Sternen glänzen. Hubert Neidhart hat das Traditionshaus mit der »Slow Food«-Philosophie in die erste Reihe der Gourmethäuser gekocht. Bei ihm ist garantiert, dass jeder Fisch in seiner Küche aus dem Bodensee stammt und selbst seine Krustentiersoße ist original mit Bodensee-Krebsen.
Bodenseefisch mit Krustentiersoße steht auf vielen Speisekarten, doch eine Krustentiersoße kann nur der herstellen, der auch Krustentiere hat. Früher musste Hubert Neidhart seine Krustentiersoße aus den Karkassen von Hummer oder Taschenkrebsen zubereiten, seit es im Bodensee wieder mehr Krebse gibt, verwendet Hubert Neidhart ausschließlich Bodensee-Krebse.
Seit Jahren haben die Krebse im See stark zugenommen. Seither verfeinert er seine Bodenseefischsuppe mit selbstgemachter Bodensee-Krebsbutter. »Ja, Arbeit ist das schon«, gibt Neidhart zu, »aber so ist in der Bodenseefischsuppe garantiert nur Bodensee drin!« Ohne diesem feinherben Krustentiergeschmack, der in Frankreich jede Bouillabaisse hebt, würde jede Fischsuppe nur halb so gut schmecken.
Krebsbutter ist nicht nur die Grundlage für die legendäre Fischsuppe, Krustentiersoße verfeinert jedes Fischfilet. Doch der Geschmack muss zuerst aus den Krebsen gewonnen und mit Butter lagerfähig zubereitet werden. Den kleinen Tieren wird der Darm entfernt, dann werden sie gekocht und gepuhlt. Anschließend werden die Krebsschalen gestoßen und geröstet. Mit Höri-Gemüse, Butter und Gewürzen wie Wachholder, Zitrone und Anis wird der Geschmack langsam ausgekocht, ziehen gelassen und passiert.

Alle vier Wochen schreibt Hubert Neidhart eine neue Speisekarte, dazwischen aber platzt er immer wieder mit neuen Tagesangeboten in die Küche. »Wenn man eine regionale Frischeküche bieten will, muss man täglich schnell reagieren. Wenn der Blumenkohl reif ist, müssen Blumenkohlgerichte auf die Karte, wenn unser Gemüsebauer mir Artischocken anbietet, nehme ich sie und will sie bei perfekter Reife auch sofort dem Gast anbieten.«

»Unsere Fische sind garantiert aus dem Bodensee.«

Heimatküche ist für Neidhart immer die aktuelle Bodenseeküche. Natürlich kennt er als Koch die internationalen Gourmetangebote der Kollegen. Auch sein Blick schweift für neue Rezepte weit über den Tellerrand der Heimat. Neue Kreationen mit heimischen Zutaten stehen bei ihm meist auf der Speisekarte. Zum Beispiel: Vitello Tonnato à la Grüner Baum, da weiß der Stammgast, dass er keinen Thunfisch vorgesetzt bekommt. »Unsere Fische sind garantiert aus dem Bodensee«, sagt Hubert Neidhart, während er mit einem großen Brotmesser eine Schleie filetiert. »Der Fisch hat einige Jahre auf dem Buckel«, sagt er, »die Gräten sind fest, das Fleisch schmeckt herzhaft.« Damit die Gäste den einzigartigen Geschmack der Schleie genießen können, räuchert er den Fisch, danach kann er das Fleisch leicht von den Gräten lösen. Einen Teil des Filets mixt er unter die Mayo. Also statt Vitello Tonnato gibt es im Grünen Baum Vitello Schleie. Selbstverständlich stammt das sanft gesiedete Kalbfleisch von einem Öko-Hof des Hegaus.

GRÜNE ARTISCHOCKEN – EINE SINNLICHE DELIKATESSE

ZUTATEN FÜR 4 PERSONEN

- *4 große grüne Artischocken*
- *1 Zitrone*
- *1 Topf mit genügend Salzwasser für die 4 Artischocken*

Mögliche Dips
Bülle-Vinaigrette (siehe Seite 80)
Barbendunke (siehe Seite 126)
Sauce Rouille (siehe Seite 75)
Mousseline (siehe Seite 122)
Blitz-Mayonnaise (siehe Seite 117)

Gegenüber der Bülle besitzt die Artischocke auf der Höri keine lange Tradition. Mit dem professionellen Anbau von Artischocken auf der Höri wurde erst Ende des 20. Jahrhunderts begonnen, vermutlich durch die Experimentierfreudigkeit der Gemüsegärtner.
Wendelin Maier wusste, wie man sie in den vornehmen Restaurants der Grandhotels serviert. Die Blätter wurden mit der Hand abgezupft, in einen Dip getaucht und dann »ausgelutscht« – ein wahrhaft sinnliches Erlebnis. Um die Finger wieder zu reinigen, bekam jeder Gast eine Fingerbowle in Form einer kleinen silbernen Legumés (Beilagenschale), die in einer als Artischocke gefalteten Stoffserviette links neben dem Gedeck stand. Gefüllt mit lauwarmem Wasser und einem Zitronenschnitz, konnten sich die Gäste darin ihre Hände waschen.
Hubert Neidhart hat die Zubereitung der Artischocke im L´Hermitage in La Baule gelernt. Kistenweise hatte sein Chef die Artischocken kurz vor der Zimmerstunde angeschleppt und als Zusatzarbeit für die Commis (Jungköche) noch »schnell« tournieren lassen. Erst danach ging es an den Strand, an dem man die Zimmerstunde verbrachte.

ZUBEREITUNG

Von der Artischocke den Stiel abbrechen, so dass die Fäden aus dem Boden herausgezogen werden.
Die äußere Blattreihe um den Boden mit einem Messer abschneiden.
1 Scheibe Zitrone mit einem Bindfaden wie ein Paket an den Boden schnüren.
Den Rest der Zitrone in das kochende Salzwasser geben.
Die Artischocken dazugeben und runde 20 Minuten kochen.
Als Gartest mit einen Spieß in den Boden der Artischocke stechen und anhand des Widerstandes den Gargrad feststellen: Es sollte noch ein kleiner Widerstand bemerkbar sein.
Die Artischocken im Topf mit dem heißen Sud beiseite stellen und auskühlen lassen.
Nach Erkalten die Herzen der Früchte (die inneren 10 Blätter) zusammendrücken und durch leichtes Drehen herausziehen.
Mit einem Löffel das Heu vom Boden herausstechen. Das Herz umgekehrt wieder einsetzen. So servieren.
Zum Verzehr die Blätter einzeln abreißen, in einen Dip nach Wahl tunken und den Bodenansatz der Blätter auslutschen.

DIE WEISHEIT MIT DEM LÖFFEL …
*Beim Bearbeiten der **Artischocken** empfiehlt es sich, Handschuhe zu tragen, da Artischocken braun abfärben und einen kräftigen Bittergeschmack auf den Händen hinterlassen, der sehr schwer abwaschbar ist*

ARTISCHOCKEN-BÜLLE-RISOTTO

Die violette Artischocke, auch ligurische Artischocke genannt, sollte man jung ernten, weil sich dann im Inneren kaum Heu angesetzt hat und der Stängel teilweise noch essbar ist. Ja, auch der Stängel kann verzehrt werden.

ZUTATEN FÜR 4 PERSONEN

- *4 violette Artischocken*
- *2 mittelgroße Höri-Büllen in Sechstel geschnitten*
- *2 Knoblauchzehen, kleingehackt*
- *300 g Risotto-Reis (Carnaroli, Arborio)*
- *0,75 l Gemüsefond*
- *0,25 l Weißwein*
- *100 g Heggelbacher Felsbrocken (Hartkäse von der Hofkäserei Heggelbach)*
- *Höri-Salz*
- *Pfeffer*

ZUBEREITUNG

Den Artischockenstiel nach unten hin schälen.
Die Artischockenblätter um den Boden herum abschneiden, bis die Blätter gelb und zart werden.
Die Artischocke der Länge nach vierteln.
Sollte es einen Heuansatz im Innern geben, diesen herauskratzen.
Bis zur Verwendung in Zitronenwasser aufbewahren.
Artischocken und Knoblauch in einem Topf mit Rapsöl anschwitzen.
Höri-Bülle-Ecken dazugeben, kurz mit anschwitzen.
Die Bülle herausnehmen und mit ein paar Tropfen Roweinessig beträufeln, beiseite stellen.
Risotto-Reis zu den Artischocken geben und andünsten.
Mit dem Weißwein und der Hälfte des Gemüsefond ablöschen.
Den Topf gedeckelt 15 Minuten bei 150° im Ofenrohr garen lassen.
Herausnehmen und auf der Herdplatte bei schwacher Hitze den restlichen Gemüsefond nach und nach unterrühren.
Immer wieder den Felsenbrocken durch eine Reibe darunter raspeln.
Zum Schluss die Höri-Bülle dazugeben.
Mit Salz und Pfeffer abschmecken.
Gleich servieren.

DIE WEISHEIT MIT DEM LÖFFEL …
Gar- & Feuchtigkeitstest: Das Risotto sollte sich in der finalen Zubereitung auf der Herdplatte durch Rütteln oder Schwenken des Topfes wie ein Tsunami zu einer Welle aufbäumen. Dann hat die Konsistenz die richtige Menge an Flüssigkeit.

AUBERGINENAUFSTRICH

ZUTATEN FÜR 4 PERSONEN

- *2 Höri-Büllen oder 3 Schalotten, in feine Würfel geschnitten (Brunoise)*
- *½–1 Chilischote (je nach Schärfe evtl. auch mit Kernen)*
- *1–2 Knoblauchzehen, feingehackt*
- *5 Petersilienzweige*
- *3 Thymianzweige*
- *100 ml kaltgepresstes Rapsöl*
- *300 g Auberginenkaviar (siehe Seite 182)*
- *5 cl Verjus oder den Saft einer Zitrone*
- *Höri-Salz*

ZUBEREITUNG

Chilischote halbieren, von den Samen befreien und die Schote kleinhacken.
Je nach Schärfeempfindung noch ein paar Kerne dazugeben (Kerne machen die Schärfe im Chili).
Petersilie und Thymian von den Stängel rupfen und kleinhacken.
Höri-Bülle, Chili und Knoblauch im Rapsöl andämpfen.
Petersilie und Thymian dazugeben und kurz weiterdämpfen.
Auberginenkaviar auf einem Brett kleinhacken.
Zu den übrigen Zutaten dazugeben und mit andämpfen.
Mit Verjus, Höri-Salz und Pfeffer abschmecken.
Als Brotaufstrich zum Picknick oder als Deckel zum Rumsteak überbacken, oder mit einem pochierten Ei oder als Dip zu Artischocken (siehe Seite 175).

DIE WEISHEIT MIT DEM LÖFFEL …
*Der **Auberginekaviar** eignet sich hervorragend als Dip zu den grünen Artischocken (siehe Seite 175).*
Verjus wird aus unreifen Äpfeln oder Trauben hergestellt, was ihm eine zarte Säure gibt und zum Zitronenersatz macht.

AUBERGINENKAVIAR

Wie Spargel und Artischocke gehört auch die Aubergine zu den neu entdeckten Gemüsesorten auf der Höri. Was man alles aus ihr machen kann, hat Huber Neidhart in La Baule kennen gelernt.
Caviar d´Aubergine dürfte wohl die bekannteste und einfachste Zubereitungsart sein. Egal, ob auf offenem Feuer oder im Backoffen, mit wenig Aufwand kann viel erreicht werden. Den Namen »Auberginenkaviar« verdankt das Gericht der Ähnlichkeit eines Kaviarstranges vom Stör. Schneidet man die gut gegarte, weiche Aubergine längs auf, erscheinen zwei Fruchtfleischstränge mit kleinen Samenpunkten ähnlich einem Rogenstrang bei Fischen.
Egal, ob auf einen Holzkohlengrill in der Natur oder in der Backröhre zu Hause – Auberginenkaviar gelingt immer.

ZUTATEN FÜR 4 PERSONEN

- × *4 Auberginen*
- × *kaltgepresstes Rapsöl*
- × *Saft einer Zitrone oder 5 cl Verjus*
- × *geriebener Käse nach Belieben*
- × *Höri-Salz*
- × *Pfeffer*

ZUBEREITUNG

Die Auberginen waschen und zwei bis drei Pikser mit einer Nadel oder Fleischgabel in die Schale einstechen, so dass der Dampf des Fruchtwassers später etwas entweichen kann.
Auf den Grills legen und immer wieder drehen, bis die Frucht ganz weich und leicht runzelig ist (etwa 45–60 Minuten).
Auf offenem Feuer oder Holzkohlegrill kann sie neben die offene Flamme gelegt werden. Die Schale hält viel Hitze aus und wird nachher nicht verzehrt.
Im Backofen bei 200 °C 40–50 Minuten backen, bis sie ganz weich und leicht zusammengefallen ist.
Herausnehmen, der Länge nach in der Mitte durchschneiden.
Die Innenseite mit Höri-Salz, Pfeffer, Rapsöl und Zitronensaft oder Verjus Zitronensaft beträufeln.
Mit geriebenem Käse überbacken.

DIE WEISHEIT MIT DEM LÖFFEL …
Auf das Fruchtfleisch der halbierten ***Aubergine*** *kann auch Barbendunke (siehe Seite 126), Sauce Rouille (siehe Seite 75) oder Kräuterbutter gestrichen und dann überbacken werden.*

Gekochter Spargel mit Schinken und Bülle-Vinaigrette (siehe Seite 80)

Für Hubert Neidhart ist gerade dieser Teller vor ihm eine einzigartige kulinarische Offenbarung: »Das ist die Königsdisziplin für die Höri-Bülle!« In der Synergie mit Essig und Öl kommt seiner Meinung nach das besondere Aroma der Zwiebel so richtig zur Geltung und er zeigt auf eine schwarze Platte, ohne erkennbare, exklusive oder exotische Edelteile. Ein Rotauge – der billigste Fisch im See. Zwei Schnecken – nun ja. Eine Artischocke – okay, ganz gut. »Aber diese Vinaigrette dazu!«, begeistert sich der Küchenchef, »die setzt dem Ganzen die Kronen auf. So wie die Sauce échalotte zu Austern bei den Franzosen.« Für ihn noch viel feiner: Höri-Artischocke, Linzgau-Schnecken, oder Bodensee-Rotaugen mit Höri-Bülle-Vinaigrette! Da will er keine kulinarische Steigerung mehr gelten lassen.

»Das ist die Königsdisziplin für die Höri-Bülle!«

Am Rande des Tellers liegt eine Bülle, die schon ihre grünen Keime ausgetrieben hat. »Das ist keine Kartoffel, das ist eine Bülle, die grünen Keime sind eine Spezialität! Damit haben wir auf der Höri in langen Wintermonaten schon immer unsere Gerichte verfeinert«, erzählt Hubert Neidhart. Mit den austreibenden Zwiebeln, manche sagen Zwiebellauch, gibt er seinem Brotsalat den letzten Pfiff, sowie seiner Bülle-Vinaigrette nicht nur einen optischen Hauch von Frische. Diese Frühlingsbülle-Vinaigrette ist eine

Matjes aus Rotaugen

Spezialität des Grünen Baums. Das Grün der austreibenden Frühlingsbülle gibt ihr einen besonderen crunchigen und frischen Geschmack, dazu die feine Säure des Rotwein-Essigs, der goldgelbe Glanz des Bodensee-Rapsöl und natürlich die Würze des Bülle-Salzes. »In Frankreich haben wir mit solch einer Vinaigrette den Fisch- oder Schneckensalat verfeinert, das wusste mein Großvater Wendelin auch schon so zu nutzen. Wobei Vater diese Vinaigrette an den Handkäse gab und ihn dann ‚Handkäse mit Musik' nannte.« Das gebratene Rotaugen-Filet ergänzt den authentischen Bodenseeteller aufs Feinste. Das Rotauge gilt bisher nicht als Gourmetfisch, vielmehr wird es von Freizeitanglern als Köderfisch verwendet. Die Gäste fürchten sich vor den kleinen Gräten. Aber Hubert Neidhart neutralisiert sozusagen geschickt: »Wir braten die Rotaugen einfach kross, sodass die Gräten porös werden.« Tatsächlich kann man bedenkenlos in das Filet beißen, die kleinen Gräten haben sich fast aufgelöst. Dabei erfährt man auf ein Neues, gerade in den nicht immer leicht zu öffnenden Früchten finden sich ungeahnt die feinsten Aromen.

Rohen Fisch servieren, das trauten sich bis vor ein paar Jahren die Bodensee-Gastronomen kaum – außer im Grünen Baum, da hatte Großvater Wendelin Maier schon Fischtatar mit Kaviar serviert. Ob das Fischtatar nun roh serviert wird, oder doch leicht gegart ist, darüber lässt es sich streiten. Hubert Neidhart urteilt professionell: »Das Fischfleisch wird zwar roh in die Marinade gegeben, aber die Säure bringt das Eiweiß zum Gerinnen, damit ist es nicht mehr roh!« Den meisten seiner Gäste ist die Haarspalterei gleichgültig, sie genießen einfach sein frisches, roh angemachtes Fischtatar, Sushi beinhaltet schließlich auch rohen Fisch. Wichtig alleine ist, dass der Fisch absolut frisch ist! »Man kann Felchen oder Saiblinge bedenkenlos roh verzehren«, garantiert Hubert Neidhart. Er hält es dabei mit dem Spitzenkoch Anton Mosimann, der für einen möglichst unbehandelten Verzehr der Naturprodukte plädiert. »Wir schneiden die rohen Filets klein, geben Bülle-Salz, Rapsöl, Verjus und Kräuter hinzu, mehr nicht!«, garantiert der Mooser Küchenchef, »nach kurzer Zeit ist das Fischfleisch durch die Säure und das Salz gar!«

»Wir haben vieles Schmackhaftes vergessen, was wir heute dank der angesagten Regionalität wieder ausgraben«, sagt Hubert Neidhart, und serviert stolz seine Petrusplatte, so nennt er seine Fischvorspeisenauswahl, die an französische Hors d´oeuvre erinnert. Brachse, Schleie, Karpfen, Barben, Rotaugen – allesamt schmackhafte Bodenseefische, die heute viele Gäste wegen der Gräten scheuen – werden auf der Petrusplatte zur Fischvorspeise veredelt.
Auch das Kopf- und Flossenfleisch von großen Hechten und Welsen, oder deren Leber und Herz, finden als Pastete oder Sülze ihre Verwendung. Rotaugen werden durch Beizen, Salzen oder Marinieren zu Bodenseematjes oder auch Boquerone (Sardinen) verwandelt. Die Barbe wird gesalzen und mit kaltgepresstem Rapsöl und Kräutern zu einer Dunke (wie die Badener den heute modernen Dip nennen) aufmontiert. Die fetteren Fische wie Karpfen, Schleie, Brachsen und Aal werden nach alter Sitte geräuchert und runden die Vielfalt traditionell ab. Der tägliche Fang, die Jahreszeit und zu guter Letzt auch die Laune der Köche entscheiden, was sich aus diesem Riesenrepertoire an Bodenseefischen schlussendlich auf der Petrusplatte findet. Hubert Neidhardt muss nicht lange überlegen, ein Signature Dish besteht bei ihm immer aus einem frischen Fang aus dem Bodensee. Keiner fusioniert die traditionelle, französische Kochkunst mit Bodenseefisch so schmackhaft wie er. Welcher Koch gibt sich heute schon noch der Mühe hin, eine Beurre brun zu servieren. »Die aufsteigende Butter ist eine Delikatesse zu jedem Fisch!«, garantiert Neidhart und serviert Beurre brun zur simplen Schleie blau.
Beurre blanc ist die klassische Buttersoße

der französischen Küche, die zum klassischen Hecht Nantaiser Art serviert wird und es dadurch zu Weltruhm brachte. Beurre brun, auch beurre noisette genannt, ist ein Rezept der Haute Cuisine, sie sorgt für die nötigen Röstaromen, die mit blau gekochtem Fisch eine kräftige Geschmacksexplosion ergibt. Dazu wird die Butter langsam köchelnd karamellisiert. »Man muss dabeistehen und auf den Kochvorgang achten«, rät Hubert Neidhart. »Während die Butterflocken köcheln, verdunstet das Wasser, die Mineralien karamellisieren wie bei den Bonbon-Machern, dabei treten die Säure und Süße des Butters schmackhaft hervor.« Die Beurre brun ist ein Klassiker der Haute Cuisine, ihren Höhepunkt erreicht sie, wenn die Wassermoleküle beim Erhitzen der Butter verdampfen und in Blasen aufsteigen. Zeitgleich werden die Mineralien am Pfannenboden geröstet und binden sich in das Butterschmalz mit ein.
Während die meisten Gäste nach den Felchen fragen, empfiehlt Hubert Neidhart, mit seiner außergewöhnlichen Buttersoße sich auch mal an eine Schleie oder einen Wels zu wagen. Den authentischsten Fischgeschmack schafft er durch das sanfte Garen des ganzen Fischs im Gemüsesud, die Beurre brun ist die Krönung!

Hubert Neidhart weiß aus fast jeden der über 30 verschiedenen Bodenseefische ein verführerisches Gericht zu zaubern. Deshalb kann man sicher sein, bei ihm täglich ein neu geschriebenes Menü zu finden. »Nur in einem Menü hat jedes Produkt seinen notwendigen Platz, um seine geschmacklichen Eigenheiten voll zu entfalten. Wir achten dabei immer auf einen harmonischen, geschmacklichen Aufbau.«
Klassisch bietet dabei ein Salat vorneweg eine säuerliche Erfrischung. Doch der Fischkoch winkt ab: »Wir machen ein Fischmenü!«, beharrt er und serviert zuerst säuerlich marinierte Filets vom Rotauge. »Keine Angst«, lacht er und zeigt, wie die Gräten des kleinen Bodenseefischs sich fast verflüchtigt haben, so dass sie kein Gast mehr spürt. »Wir marineren die Rotaugen wie die Spanier ihre Sardellen.«

Wir marineren die Rotaugen wie die Spanier ihre Sardellen.«

Sein zweiter Gang ist Pflicht im Grünen Baum. Viele Stammgäste bestellen sie immer wieder: Die »Soupe de Poisson« mit Rouille, Käse und Croûtons. »Nach dem kalten, säuerlichen Entree jetzt eine warme, leicht süßliche Suppe«, freut sich der Patron und gibt in die Fischbrühe Fischfiletstücke des Tagesfangs hinzu, während er schon parallel für den Hauptgang einen Wels zurechtlegt. Aus ihm schneidet er ein Kotelett, das er mit frischem Gemüse auf dem Grill brät.

Zu seinem Bodensee-Wels serviert er ein Bodensee-Emmer-Risotto. Der Fisch aus dem See, das Gemüse von der Höri, nur seine marinierten Zitronen mögen aus Italien kommen. »Auch der Pfeffer kommt nicht von der Reichenau«, winkt er ab, und doch kann man sich auf ihn verlassen, den regionalen Kreislauf nimmt Neidhart päpstlicher als der Papst.

Dies beweist er auch mit seinem Dessert. Süßlich soll es ein und doch Seefisch? Hubert Neidhart schmunzelt. Es ist Mai, vor ihm liegen Rhabarberstangen. Er schneidet ein paar Stücke ab und röstet sie in der Pfanne, dann legt er ein Stück des Bio-Ziegenkäses vom Höchsten dazu und krönt die Nachspeise mit getrockneten Hechtrogen. Ein schmackhaftes Fisch-Dessert mit Süße und herzhaften Fischaromen.

Die Beurre brun ist die Krönung!

GEBRATENER HÖRI-SPARGEL

Als Garnitur zu Chateaubriand (siehe Seite 64) oder zu verschiedenen Welskotletts (siehe Seite 165) und Hechtkoteletts.

ZUTATEN FÜR 4 PERSONEN

- *2 kg Höri-Spargel (Güteklasse A 12+)*
- *2 Bund Frühlingszwiebeln mit Grün*
- *50 ml kaltgepresstes Rapsöl*
- *ein paar Spritzer Verjus*
- *Salz*
- *Pfeffer*

ZUBEREITUNG

Den geschälten Spargel leicht schräg in 3 cm lange Stücke schneiden.
In einer heißen Pfanne das Rapsöl erhitzen.
Spargel dazugeben und kurz durchschwenken.
Mit ein paar Wassertopfen beträufeln.
Ab und an durchmischen.
Frühlingszwiebeln in kleine Würfel schneiden.
Sobald der Spargel fast gar ist, die Frühlingszwiebeln dazugeben und mit Verjus, Salz, Pfeffer und einer Prise Zucker abschmecken.
Weitergrillen, eventuell etwas mehr Wasser dazugeben, um die Hitze zu dämmen.
Der Spargel darf ruhig etwas Farbe bekommen, und servieren.

GEGRILLTER HÖRI-SPARGEL WEIß-GRÜN

ZUTATEN FÜR 4 PERSONEN

- *400 g weißer Höri-Spargel (Güteklasse A 12+)*
- *400 g grüner Höri-Spargel*
- *80 ml Walnussöl*
- *etwas Sonnenblumenöl zum Grillen*
- *80 ml Verjus oder Saft 1 Zitrone*
- *Höri-Salz*
- *Pfeffer*
- *Evtl. getrocknete Chilischoten aus der Mühle*

ZUBEREITUNG

Den weißen Spargel von unterhalb des Kopfes weg schälen, die letzten Zentimeter abschneiden.
Beim grünen Spargel nur das untere Drittel schälen.
Beide halbieren.
Auf dem Grill oder in der heißen Pfanne mit einem Tropfen Öl von allen Seiten grillen.
Ab und an wenden und mit einem Tropfen Wasser beträufeln.
Gartest: Den Spargel mit der Gabel einstechen und Widerstand messen. Er sollte noch leicht »al dente« sein.
Dann herausnehmen und auf einer Platte anrichten.
Mit dem Walnussöl und dem Verjus beträufeln, salzen und pfeffern (eventuell Chili aus der Mühle).

DIE WEISHEIT MIT DEM LÖFFEL …

Kann mit Schinken oder gebeizter Lachsforelle (siehe Seite 191) serviert werden. Um gegrillten oder gekochten Spargel für längere Zeit zu konservieren, kann man ihn in Bülle-Vinaigrette (siehe Seite 80) einlegen. Passt hervorragend zu Kalbsrücken oder Lammkotelett.

Höri-Spargel mit Lachsforelle und Sauce Mousseline – als Nachfolger des Spargeltoast der 60er-Jahre

GEBEIZTE LACHSFORELLE

ZUTATEN FÜR 6 PERSONEN

- *1 kg Lachsforellenfilet*
- *40 g Zucker*
- *viel Dill*
- *10 Wacholderbeeren*
- *10 g Fenchelsamen*
- *kaltgepresstes Rapsöl*
- *40 g Salz*
- *10 Pfefferkörner*

DIE WEISHEIT MIT DEM LÖFFEL …

***Lachsforelle** ist ein rein kulinarischer Begriff, es handelt sich dabei um Regenbogenforellen aus Teichwirtschaft, die mit hochwertigen Krebsschalen und Krebsfleisch gefüttert wurden. Daher stammt ihre rötliche Farbe.*

Anfang des 20. Jahrhunderts wurde statt der Lachsforelle die Seeforelle verwendet. Rosel Neidhart beklagte sich des Öftern darüber, dass Seeforellen während des Zweiten Weltkrieges zu den wenigen Lebensmittel gehörten, die es in Massen gab, weshalb sie die Freude daran etwas verloren hatte. Heute gehören Seeforellen zu den Raritäten unter den Bodenseefischen.

ZUBEREITUNG

Lachsforellenfilet unter fließendem Wasser vom Schleim befreien, danach mit etwas Salz abreiben, wieder abwaschen und trocken tupfen.

Zucker, Dill, Wacholderbeeren, Fenchelsamen, Salz und Pfefferkörner zu einer Beize vermengen.

Den Boden einer flachen Form mit der Hälfte der Beize bestreuen.

Die Filets mit der Haut nach unten auf die Beize legen.

Den Rest der Beize darüberstreuen.

1 Tag lang im Kühlschrank ziehen lassen.

Am 2. Tag das Filet umdrehen, mit der inzwischen flüssigen Beize übergießen, und einen weiteren Tag ziehen lassen.

Dasselbe Prozedere zwei weitere Tage wiederholen.

Am 5. Tag die Filets aus der Beize nehmen.

Die Gräten an der Wirbelsäulennarbe mit einer Pinzette herausziehen.

In einem anderen Behältnis mit wenig Öl beträufeln und abgedeckt lagern (nicht länger als 10 Tage).

Filet zum Schwanz hin in 3–6 cm lange, sehr dünne Scheiben schneiden (ähnlich wie beim Räucherlachs).

Höri-Spargel

Höri-Gemüse trifft Heggelbacher Käse auf dem Mongolengrill, dazu gibt es Hegau- und Höri-Weine

Klaus, Cordula und Hubert Neidhart leuten das 150-jährige auf der Hofgemeinschaft Heggelbach ein.

Nach fünf Wirten übernimmt die erste Wirtin!

Der Grüne Baum lebt heute in erster Linie von seinen Stammgästen. Die meisten kennen ihren Hubert persönlich. Für viele ist er der erste Ansprechpartner und er weiß, wer von den Stammgästen gerne die Trüschen-Leber isst, oder sich den Aal gebraten wünscht. Für das Land Baden-Württemberg wurde er zum Genuss-Botschafter ernannt. Im Gastraum oder auf der Terrasse ist er der Botschafter seiner eigenen Küche.

Doch mit heute 67 Jahren will er den Grünen Baum in junge Hände übergeben. Seine Tochter Elena Bianchi begrüßt seit zwei Jahren mit ihm die Gäste, bald schon will er sich ganz zurückziehen. Rechtzeitig hat er dem Familienerbe eine neue Zukunft gewiesen.

Elena Bianchi ist seit Januar 2023 die neue Wirtin im Grünen Baum. Die Hochachtung vor ihren Vorgängern hat sie bewegt, sich um den weiteren Wuchs und Blühen des Grünen Baums zu kümmern. Ihre Motivation: »S'wär schad drum!« So sehen es auch die Stammgäste, die ihr schon im Vorfeld ihre Treue zum Grünen Baum schwören.

Hubert gibt ab – Elena übernimmt – ihre Schwester Marlene sorgt für gute Stimmung. Die Zukuft könnte sich trüber gestalten ;-)

Elena Bianchi: »Die Herausforderungen während der Corona-Schließungen haben mich nur noch mehr angetrieben, jetzt nicht den Kopf in den Sand zu stecken«.

» ... ich habe mich in den Grünen Baum verliebt!«

Andrew *will die Gemüsekultur der Höri nach Nigeria exportieren*

Adrian *tüftetlt an neuen Rezepten*

Steffi denkt gerne an ihre Lehre im Grünen Baum zurück

Hubert freut sich auf eine Zukunft mit vielen Freiheiten

Frank ist dann mal weg …

***Stefan** will einfach nur gut kochen*

***Lino** trimmt unsere Hecken*

***Tatjana,** unser fleißiges Bienchen*

***Hussein** hat noch große Pläne*

***Marlene** freut sich des Lebens*

***Delia** kümmert sich mütterlich*

***Daniela** sorgt für Ordnung*

*< **Grzegorz** meistert das Höri-Gemüse*

__Melanie__ weiß Bescheid

Anja ...

*... und **Frederike** springen ein*

***Elena** führt und schmeißt den Laden*

6. GENERATION

1977

ELENA BIANCHI ERSTE WIRTIN DER FAMILIENDYNASTIE IM GRÜNEN BAUM

Wenn es vor 150 Jahren, nach dem Krieg gegen Frankreich, die richtige Zeit war für Johannes Georg Baum, den Grünen Baum zu eröffnen; oder es für Wendelin Maier die richtige Zeit war, nach dem Erster Weltkrieg, den Grünen Baum zu übernehmen; oder nach dem Zweiten Weltkrieg für Gottfried Neidhart und nach der Ölkrise für Hubert Neidhart – dann will sich Elena Bianchi jetzt auch nicht nach der Corona-Krise scheuen, den Grünen Baum weiter zu pflegen. »Jetzt erst recht!«, sagt sie fast trotzig und mutig zugleich, der Grüne Baum ist es allemal wert!«

»Jetzt erst recht! Der Grüne Baum ist es allemal wert!«

Die Tochter des Patrons Hubert Neidhart hatte ursprünglich beruflich eine ganz andere Richtung eingeschlagen. Sie ist Rechtsanwaltsfachangestellte und büffelt schon im zweiten Semester Wirtschaftsrecht an der HTWG Konstanz, als sie sich umentscheidet. »Gastronomie niemals!«, war früher ihre Losung, doch vermutlich meldeten sich dann doch noch die Wirtegene in ihr, und eine Freundin, die in der Gastronomie arbeitet, überredet sie, den Schritt zu wagen.

Elena hört sich ihre Geschichten an, hadert nicht lange, ändert ihre Berufsziele und jobbt zunächst in einem kleinen Hotel bei Radolfzell. Rezeption, Büro, Frühstücksservice, mit Gästen parlieren – das alles fühlt sich für sie offensichtlich gut und richtig an. »Eigentlich ist mir der Kontakt zu Menschen schon immer lieber gewesen, als trockene Paragrafen zu wälzen«, gesteht sie heute.

Der Wohnungsmarkt in Konstanz hat Elena Bianchi zu ihrem Vater in den Grünen Baum nach Moos geführt. Sie wohnt im Grünen Baum und jobbt in einem anderen Hotel, wieder als »Mädchen für alles«, aber hauptsächlich im Service. »Da wurde mir endgültig klar, dass ich mich in der Gastronomie Zuhause fühle.«
In Hubert Neidharts Gesicht mag sich ein freudiges Lächeln breit gemacht haben. Er macht sich Gedanken, wer das alte Familienerbe bald übernehmen könnte, da beweist sich seine Tochter als geborene Wirtin!
Noch scheint die Sonne über der Gastronomie am Bodensee, die Wirte-Welt scheint in Ordnung zu sein. Hubert fragt seine Tochter, warum sie nicht bei ihm im Grünen Baum arbeiten will, von seinen vermutlichen Hintergedanken verrät er kein Wort.
Elena Bianchi sagt schließlich zu und übernimmt zunächst den Service. Da ziehen aber auch schon dunkle Wolken auf. Der Coronavirus zwingt die Gastronomie im März 2020, die Türen zu schließen.

Vermutlich ist es das erste Mal für Hubert Neidhart, dass er glücklich ist, nicht mehr alleine die Verantwortung zu tragen. Als Patron sieht er sich von jungen Mitarbeitern um seine Tochter Elena umgeben. Betriebsschließung? Nicht mit uns!, entscheiden sie. In der Küche steht eine junge Brigade, Elena ist sich mit ihnen einig: Im fast 150-jährigen Grünen Baum gibt es jetzt die legendäre Bodenseefischsuppe und einige andere Gerichte mehr »to go«.

»Ich dachte hü oder hott«, sagt die passionierte Reiterin und signalisiert in diesen düsteren Zeiten frech und burschikos ihrem Vater, dass sie sich eine Übernahme des Grünen Baums vorstellen könnte. »Die Herausforderungen während der Corona-Schließungen haben mich nur noch mehr angetrieben, jetzt nicht den Kopf in den Sand zu stecken«, reflektiert Elena Bianchi heute, verweist auch auf die lange Geschichte des Familien-Gasthauses und winkt mit ihren jungen 28 Jahren abgeklärt ab: »Jede Generation musste sich immer ihren jeweiligen Anforderungen stellen.«

»Jede Generation musste sich immer ihren jeweiligen Anforderungen stellen.«

Elena Bianchi unterstreicht ihre scheinbar coole Bestandaufnahme mit ihrer endgültigen Entscheidung, den Grünen Baum zu übernehmen, und macht dafür den Wirtschaftsfachwirt, um sich in die Buchführung des Restaurants einarbeiten zu können. »Nicht wegen überraschend erfreulicher Zahlen«, winkt sie ab und lacht, »aber ich habe mich in den Grünen Baum verliebt!«

TOMATENSALAT MIT GEBACKENER ZUCCHINIBLÜTE

ZUBEREITUNG

Tomatensalat
Rucola waschen, trocken schleudern und auf dem Tellerboden verteilen.
Ochsenherzen-Achtel sternförmig in der Mitte der Teller drapieren.
Cocktailtomaten darüber verteilen.
Höri-Bülle-Würfel darüberstreuen.
Mit Höri-Salz und Pfeffer würzen.
Bülle-Vinaigrette darüberträufeln.

Zucchiniblüten
Eiweiß mit einer Prise Salz schaumig schlagen.
Mondamin darunter rühren.
Salzen.
Die gewaschenen und abgetropften Zucchiniblüten durch die Masse ziehen.
In 180 °C heißem Backfett schwimmend ausbacken.
Auf dem Tomatensalat servieren.

ZUTATEN FÜR 4 PERSONEN

Für den Tomatensalat

- *2 Ochsenherztomaten, in Achtel geschnitten*
- *12 rote Cocktailtomaten, halbiert*
- *12 gelbe Cocktailtomaten, halbiert*
- *1 Höri-Bülle, in Würfel geschnitten*
- *20 Stk. Rucola-Rauken*
- *0,15 l Bülle-Vinaigrette* *(siehe Seite 80)*
- *Höri-Salz*
- *Pfeffer*

Für die Zucchiniblüte

- *2 Eiweiß (60 g)*
- *40 g Maizena Maisstärke (Mondamin)*
- *4 Zucchiniblüten*
- *Höri-Salz*

BRATAPFEL MIT VANILLESAUCE

ZUTATEN FÜR 4 PERSONEN

Für den Bratapfel

- *4 festkochende Äpfel (z. B. Red Love, Topas, Cox Orange)*
- *100 g Marzipanrohmasse*
- *100 g Walnüsse, feingehackt*
- *100 g Haselnüsse, feingehackt*
- *50 g Rosinen*

Für die Vanillesauce (½ Liter)

- *½ Vanilleschote*
- *0,5 l Milch*
- *100 g Zucker*
- *30 g Mondamin*
- *6 Eigelbe*

ZUBEREITUNG

Bratapfel

Von den Äpfeln das Kerngehäuse ausstechen.
Marzipanrohmasse raspeln und unter die feingehackten Nüsse mengen, Rosinen dazugeben.
Marzipanmasse in das ausgestochene Apfelgehäuse stopfen.
Im vorgeheizten Ofen bei 180 °C 15–20 Minuten braten.

Vanillesauce

Die Vanilleschote längs aufschneiden und auskratzen.
90 % der Milch mit Zucker und Vanilleschote aufkochen.
In den restlichen 10 % Milch das Mondamin anrühren, unter die kochende Milch rühren und dann 5 Minuten unter häufigem Rühren kochen lassen.
Eigelbe mit dem Zucker schaumig schlagen.
Das geschlagene Eigelb unter die gekochte Soße rühren, aber nicht mehr weiterkochen lassen.
Bei schwacher Hitze unter ständigem Rühren »zur Rose abziehen«.
Zum Bratapfel servieren.

DIE WEISHEIT MIT DEM LÖFFEL …

»Zur Rose abziehen« bedeutet, die Soße solange bei rund 80 °C zu rühren, bis sie leicht sämig wird. Die Sämigkeit der Soße kann mit dem »Kochlöffeltest« festgestellt werden. Hierzu taucht man den Kochlöffeltest in die Soße und schöpft mit dem Rücken des Löffels etwas Soße heraus und bläst leicht auf den Löffel. Bilden sich durch den Atem kleine Wellen zur Rose, hat die Soße die richtige Konsistenz.

ZUTATEN FÜR 8 PERSONEN

Für den Topfenmousse

- *250 g Quark vollfett*
- *Saft einer halben Zitrone*
- *Saft einer halben Orange*
- *5 cl Cointreau*
- *1 Vanilleschote*
- *50 g Zucker*
- *500 ml Sahne*
- *100 g Eiklar*

Für die Rhabarberröster

- *1 kg ungeschälten Rhabarber*
- *1 Vanilleschote*
- *100 g Gelierzucker*
- *1 Sternanis*

TOPFENMOUSSE MIT RHABARBERRÖSTER

ZUBEREITUNG

Quark mit Zitronensaft, Orangensaft, Cointreau, Mark einer ausgekratzten Vanilleschote und dem Zucker vermengen.
Sahne steifschlagen und darunterheben.
Eiklar mit einer Prise Salz anschlagen, nach und nach den Zucker darunter schlagen, bis die Masse perlmuttartig cremig ist.
Diese Masse unter die Quark-Sahne-Masse heben.
In ein mit einem Tuch ausgelegten Durchschlag füllen und über Nacht abtropfen lassen.

Für die Rhabarberröster den Rhabarber schälen und schräg in 3 cm lange Stücke schneiden.
Vanilleschote längs halbieren, Mark auskratzen und unter den Zucker mischen.
Sternanis dazulegen.
Zucker und Rhabarber vermengen.
Bei 300 °C im Ofen 5 Minuten rösten.
Rausnehmen und kaltstellen.

Die Quark-Sahne-Masse zu Nockerln abstechen und mit Rhabarberröster servieren.

APRIKOSEN-EMMERKNÖDEL

ZUTATEN FÜR 4 PERSONEN

Für den Teig

- *200 g Vollfett-Quark*
- *100 g feines Emmer-Vollkornmehl*
- *50 g Weichweizengries*
- *50 g Butter*
- *30 g Zucker*
- *1 Ei*
- *1 Prise Salz*

Für die Füllung

- *4 Aprikosen*
- *60 g Marzipan*
- *1 EL Zucker*

Für die Panade

- *50 g Mandelstifte*
- *40 g Zucker*
- *1 EL Butter*
- *120 g Panierbrösel*

DIE WEISHEIT MIT DEM LÖFFEL ...

Zu den Aprikosen-Emmerknödeln passt perfekt Vanillesauce (siehe Seite 206).

ZUBEREITUNG

Für den Teig Quark, Emmer, Weizengries, Butter, Salz und Zucker miteinander vermengen und gut durchkneten.
Den Teig in einer Schüssel, mit einem Tuch bedeckt, in den Kühlschrank stellen.
Für die Füllung Aprikosen auf der Narbe entlang aufschneiden und die Kerne entfernen.
Marzipan in Zentimeter dicke Würfel schneiden.
Marzipanwürfel in die Mitte der Aprikose (anstatt des Kerns) setzen.
Quarkteig aus dem Kühlschrank nehmen, durchkneten und in vier Kugeln teilen.
Die Kugeln mit der Hand flachdrücken.
Aprikose in die Mitte legen und mit etwas Zucker bestreuen.
Mit dem Teig die Aprikose umhüllen und zur Kugel formen.
Salzwasser zum Kochen bringen, Knödel hineingeben.
Kurz aufkochen und dann 15 Minuten köcheln lassen, bis die Knödel oben schwimmen.
Knödel herausnehmen und abtropfen lassen.

Für die Panade die Mandelstifte kleinhacken und in einer heißen Pfanne anrösten.
1 Teelöffel Zucker dazugeben und weiterrösten, bis der Zucker karamellisiert.
Mit einem Esslöffel Butter ablöschen.
Brösel dazugeben und weiterrösten.
Bröselmasse in eine Schüssel geben, um die Knödel darin zu wälzen.

Grüner Baum-Klassiker für Zuhause

Im Restaurant hat sie erste Veränderungen vorgenommen. Die Wände in der historischen Gaststube Grüner Baum sind heute wieder, wie vermutlich vor 150 Jahren, weiß gestrichen. Die Tische werden nun täglich nobel, mit neuem Geschirr und Besteck eingedeckt. Ihr Urgroßvater Wendelin Maier hätte sicherlich seine Freude an ihr. Der Grüne Baum auf dem Weg zum »Fine Dining«-Restaurant? Wendelin Maier würde ihr den Segen geben, hatte er doch selbst diesen Weg einst eingeschlagen.

»Es wäre doch schade ...«

»Es wäre doch schade«, sagt Elena Bianchi und bezeugt eine hohe Achtung vor der Leistung ihrer Vorfahren. Schade um dieses einzigartige Gasthaus und seine Historie, meint sie, und vor allem um das Erbe ihres Vaters, der den Grünen Baum zukunftsweisend blühen lässt, wie all seine Vorfahren zu ihren Zeiten.

Johann Georg Baum suchte 1873 die Verbindungsstraße an die neue Badische Staatseisenbahn und pflanzte den Grünen Baum an die neue Pappelallee, die nach Radolfzell führt. Elena Bianchi erkennt 150 Jahre später ebenso die neuen Chancen und verkauft auch nach Corona weiterhin Grüner Baum-Produkte über die Straße, zusätzlich jetzt auch über die neue »Verbindungsstraße« Internet. Nicht »Shop« nennt sie ihr Verkaufsangebot, sondern »Lädele«. Damit beweist sie ebenso ihre regionale Nähe und Verlässlichkeit für unverfälschte Höri-Produkte, wie ihr Vater vor ihr. Grüner Baum-Klassiker für Zuhause. Egal, ob Fischsuppe oder Höri-Salz.

Mit kaufmännischer Voraussicht gibt sie dem Grünen Baum einen, neuen, zeitgemäßen Schnitt.

Hubert Neidhart schaut sich heute nach über 40 Jahren Leitung in seinem Grünen Baum um. An die weißen Wände hat er sich schnell gewöhnt, das neue Geschirr von Elena ausgesucht, weiß er, trifft den Zeitgeist. Er ist froh, dass seine Tochter den Schritt wagt und das Familienerbe weiterführen wird – vor allem vorerst in seinem Sinne und mit seiner Philosophie.

Zum 1. Januar 2023 hat Hubert Neidhart seiner Tochter Elena Bianchi die volle Geschäftsleitung übertragen. Damit ist sie die erste Grüner Baum-Wirtin nach 150 Jahren. Nach einer Zeit, in der der Grüne Baum sein Überleben schon mancher starken Frau zu verdanken hatte.

»Keine geteilte Geschäftsführung«, sagt sie stolz, fügt aber schnell hinzu: »Hubert wird immer ein Teil des Hauses sein« ...

»... er soll nur noch die Lorbeeren ernten für das, was er aufgebaut hat.«

So dürfen sich die Stammgäste auf viele fröhliche Stunden mit Hubert in seinem Grünen Baum freuen …

… während Elena den Grünen Baum für eine neue Zukunft hegt und pflegt.

REZEPTE

Autor

Erich Schütz (1956), seit vielen Jahren als »Südland Köche«-Herausgeber in Hubert Neidharts Küche ständig als Häfelegucker unterwegs.

Layout Gestaltung

Claudia Gnädinger,
Jutta Henssler & Ellen Knopp.
Designbüro GNÆDINGER und andere GESTALTEN, Allensbach.
Master of Arts der »School of Visual Arts«, New York.
Fühlst sich seit Jahrzehnten bei Hubert im Grünen Baum wie Zuhause.

Fotograf

Peter Kuhnle, Radolfzell,
begeisterter Stammgast seit er am See wohnt.
1993 Gründung Kuhnle + Knödler Fotodesign. Mitglied im BFF, Bund freischaffender Fotodesigner.
Seit 2022 Peter Kuhnle Fotodesign.

Impressum

Besuchen Sie uns im Internet:
www.gmeiner-verlag.de

Im Ehnried 5, 88605 Meßkirch
Telefon 0 75 75 / 20 95-0
info@gmeiner-verlag.de

1. Auflage 2023

Redaktion: Anja Sandmann
Lektorat: Stefanie Stoltenberg
Herzlichen Dank an:
Thomas Wieland, Dorfhistoriker Moos
Weitere Fotos:
Markus Contius, Hamburg
Kurt-Michael Westermann, Wien
Familienalben
Druck: Florjančič tisk d.o.o., Maribor
Printed in Slovenia
ISBN 978-3-8392-0448-1